ARTURO MARIANI

COL PIEDE GIUSTO

Come Diventare Padrone Di Te Stesso e Trasformare Ogni Limite In Possibilità Con Il Più Potente Modello Di Sviluppo Personale

Titolo

"COL PIEDE GIUSTO"

Autore

Arturo Mariani

Editore

Bruno Editore

Sito internet

http://www.brunoeditore.it

Tutti i diritti sono riservati a norma di legge. Nessuna parte di questo libro può essere riprodotta con alcun mezzo senza l'autorizzazione scritta dell'Autore e dell'Editore. È espressamente vietato trasmettere ad altri il presente libro, né in formato cartaceo né elettronico, né per denaro né a titolo gratuito. Le strategie riportate in questo libro sono frutto di anni di studi e specializzazioni, quindi non è garantito il raggiungimento dei medesimi risultati di crescita personale o professionale. Il lettore si assume piena responsabilità delle proprie scelte, consapevole dei rischi connessi a qualsiasi forma di esercizio. Il libro ha esclusivamente scopo formativo.

Sommario

Introduzione

Nessuno quanto me capisce il significato della parola *fallimento*. Ho fallito tante di quelle volte nella vita da perderne il conto! Eppure, senza cadere, non avrei mai imparato a camminare su una gamba, e questo mi ha insegnato che dietro ogni fallimento c'è una ragione.

In questo senso anche l'errore assume un nuovo significato, non più negativo, bensì indispensabile per la nostra crescita personale. Nel momento in cui aprirai il tuo cuore alla conoscenza non sarai più limitato da nulla, e ogni significato sarà il più congeniale al tuo benessere interiore. L'unico vero fallimento che l'universo ammette è il non movimento, l'evitare di agire; questa è l'antitesi evolutiva.

Nonostante la mia disabilità, è per questo che non ho mai smesso di inseguire i miei sogni. Sentivo che, nel lungo percorso che mi accingevo a compiere, avrei imparato dalla mia condizione più che da ogni altro facile successo. E forse la mia storia personale lo ha dimostrato. E tutto questo mi ha messo in moto un flusso costante e continuo di energia dentro di me che vuol essere sprigionata e condivisa. Un'energia che ha raccolto informazioni, insegnamenti, strumenti al fine di trovare armonia.

Troverai qui una struttura che riassume le modalità di azione più efficaci per raggiungere i tuoi obiettivi. Ripercorrerai con me i miei primi passi, e vedrai come in fondo sono stati anche i tuoi. Apriremo gli occhi sul nostro punto di partenza, capiremo come leggere la mappa, come muoverci negli ambienti che viviamo, come orientarci. Vedremo insieme come trovare compagni di viaggio che ci facciano sentire felici, e compresi, e capiremo come far sentire loro compresi e felici. Troveremo una meta comune, e romperemo gli indugi, agendo per un cambiamento.

E tutto questo lo faremo col sorriso, superando gli ostacoli con la naturalezza di chi, ne sono sicuro, sarà capace di gestire le emozioni gli obiettivi, le paure. Non esiste modo migliore di trovare un effettivo e istantaneo risultato: sorridere e aprirsi alla leggerezza. Se riesci a volare con la tua mente, riuscirai a costruire ogni cosa qui sulla terra.

Rifletti assieme a me e rispondi alle domande che troverai lungo il percorso. Sono le stesse a cui ho risposto anch'io, tempo fa. E se hanno funzionato con me, non hai scuse! Ti senti pronto? Iniziamo!

Passo 1:

Come imparare dalla propria storia personale

1.1 Ancora prima che nascessi

Mi chiamo Arturo, sono nato a Roma il 7 settembre 1993. Ho iniziato a entrare "prepotentemente" nelle vite e soprattutto nei pensieri dei miei familiari molto prima. Giorno della mia prima ecografia nel grembo di mia madre: immagino la gioia e l'emozione, nel vedere una nuova vita… che sta crescendo dentro di te!

Siamo nell'ambulatorio di ginecologia dell'ospedale Gemelli di Roma, per i primi controlli di routine di una nuova gravidanza. Mia madre distesa sul lettino, mio padre accanto, e Gianna, la ginecologa amica di famiglia. Inizia l'ecografia, la ricerca dell'immagine che comincia a farsi sempre più nitida nel monitor. In quel momento ero immobile, evidentemente dormivo.

Gianna inizia a descrivere la crescita del feto, il sesso, il cuore, il viso, gli arti superiori e… quelli inferiori. Si riesce a vedere una gamba… la ginecologa si fa seria e inizia a muovere l'ecografo, nel tentativo di riuscire a vedere l'altra. Evidentemente, a voce alta, pensa che sia una strana posizione assunta e consiglia a mia madre di ripetere l'ecografia dopo un'ora, di camminare, per dar modo al feto di cambiare posizione.

Dopo un'ora il ritorno in ambulatorio dove nel frattempo erano giunti altri medici, si ripete l'ecografia, la posizione era cambiata ma la gamba ancora non si vedeva! Il dubbio era sovrastato dall'emozione che in quel momento rapiva ogni pensiero dei miei genitori. Dopo un ulteriore accertamento, ancora più approfondito, si arriva all'esito dell'esame e all'ufficialità: «Al bambino manca una gamba, la destra».

Provate a immergervi nella situazione… gioia e shock insieme! Ma il tempo per metabolizzare questa incredibile notizia fu abbastanza rapido anche davanti alla prospettiva che, oltre al problema che si era presentato, avrebbero potuto svilupparsi altre anomalie sino alla fine della gravidanza, quindi i miei genitori furono drasticamente messi davanti all'alternativa di poter ricorrere all'aborto (legge 194): «in casi di menomazioni del feto, se volete... c'è la possibilità di...». Mia madre non diede ai medici l'opportunità di finire.

Dopo quella visita al Gemelli, che rivelò che il feto si stava sviluppando privo di una gamba, iniziò una nuova vita per tutti i miei "futuri cari": c'era aspettativa, curiosità e novità, ma si viveva tutto con estrema normalità. Per i miei genitori, il mio arrivo era visto come un dono.

La dolce (e curiosa) attesa continuava... nel frattempo, nel pensiero comune delle persone vicine, cominciavano a crescere i soliti interrogativi di circostanza: «sarà una vita di sofferenza... non so se è giusto quello che fanno», oppure: «poverino... chissà quante ne dovrà passare», e così via. Come risposta all'alternativa proposta il giorno dell'ecografia, mia madre rispose e risponde ancora, con decisione, non tanto a parole ma nei fatti e nella vita quotidiana, traducendo tutto ciò in amore.

Nel frattempo una risposta, anzi, la notizia andava data anche ai miei fratelli più grandi: Alessia di dieci anni e Alessandro di sette. Il dubbio più grande era sicuramente nella spiegazione dei fatti: come far capire ai due bambini che il fratellino che tanto desideravano e aspettavano sarebbe stato "un po' diverso". Anche in quel caso, esposizione semplice e decisa: «Arturo sarà speciale perché nascerà senza una gambetta».

Ma le domande, a un bambino, sorgono spontanee: «Quindi non potrà correre o giocare a pallone?», «Come farà a camminare?». Mia madre rispondeva sempre in modo tranquillo, trasmetteva serenità: «Correrà a modo suo e farà tutto a modo suo, è un fratellino speciale che farà cose speciali!». Come non credere a tali parole dette con tanta sicurezza e gioia nel volto?

I giorni si avvicinavano e si faceva il conto alla rovescia per questa nascita che suscitava non poca curiosità fra molti. Mia madre racconta ancora oggi con lo stesso stupore di allora, come qualche settimana prima del parto, mi sognò esattamente così come uscii dalla sua pancia.

7 Settembre 1993. Arriva il mio giorno… e non solo. Diciamo un parto tranquillo. Dopo qualche minuto, lavato e vestito, inizio a conoscere la mia famiglia e i miei parenti. Io sto dormendo tra le braccia di mia madre, ma so che in tanti non sono riusciti a trattenere le lacrime.

Da quel giorno la vita della mia famiglia è cambiata in modo considerevole. Il mio primo anno di vita credo sia stato un po' come tutti gli altri: latte, le prime parole, i passi a gattoni con una gamba e così via. Ovviamente il tutto sempre condito con una ricetta d'amore molto speciale. Mia madre, mio padre e i miei fratelli mi portavano in braccio come un trofeo.

Compiuto un anno e cominciando a stare in "piedi", sono iniziate le prime visite mediche tra ortopedici e fisiatri, al fine di trovare una soluzione per farmi cominciare a camminare. Mi consigliarono un'officina ortopedica che poteva permettermi di fare i primi passi grazie a un arto artificiale. Essendo disarticolato e quindi non avendo neanche una sorta di moncone, la protesi necessita di un piede, un ginocchio ed è sorretta da un busto di gesso rivestito di carbonio, di dimensioni non indifferenti, che cinge il bacino e la pancia.

Il processo per imparare a camminare è stato abbastanza lungo: mentre un bambino "normale" comincia a muovere i primi passi intorno ai dodici mesi, io inizia verso il quattordicesimo mese a mettere la protesi e, per un bambino, abituarsi a un corpo estraneo e anche relativamente pesante, non è semplice.

Ci ho messo circa un anno per prendere sicurezza nel camminare, periodo che ha coinciso con il trasferimento a Guidonia, dove ancora oggi vivo. Non è stato semplice, ma posso affermare che è stato quello il primo passo verso una sorta di autonomia che in seguito mi ha reso quello che sono. Camminavo con fatica e sacrificio, non in maniera elegante e tantomeno bella da vedere, ma camminavo! E, insieme ai primi passi, accanto a me sempre un pallone.

Ho ancora un video, in vecchie videocassette, dove a tre anni, nella terrazza di casa, facevo ben quattro palleggi consecutivi. Immaginate la gioia di un padre, amante del calcio, nel vedere un figlio di tre anni che si diverte a giocare a pallone, soprattutto con le difficoltà che avevo. Cominciavo già a lottare per superare i miei limiti fisici.

Sì, ero deciso a fare di tutto, perché sin da bambino non mi ha mai fermato niente e non mi sono mai arreso davanti alle difficoltà. La mia infanzia l'ho passata giocando a pallone nel terrazzo o per strada con gli amici, non sentendomi mai diverso o magari meno forte di qualcun altro. Mi impegnavo talmente tanto che, spesso, la differenza fisica non si sentiva affatto.

Intorno ai sei anni iniziai a fare anche nuoto. Mi piaceva e mi divertivo un mondo a tuffarmi e andare in apnea, facevo impazzire i miei istruttori. Ho smesso qualche anno fa quando mi mancava solo l'ultimo brevetto. Il calcio ormai mi stava coinvolgendo troppo.

Mi sono sempre sentito addosso gli occhi di tutti, destavo curiosità, ma soprattutto tenerezza, per ogni cosa che facevo. Sono sempre stato cosciente di ciò che gli altri pensavano di me, sicuramente oggi più di prima, e forse è proprio per questo che ho sempre avuto una motivazione in più, un voler superare sempre il limite per dimostrare che, anche solo con una gamba, ce l'avrei fatta.

Sicuramente non nego che in alcuni momenti della mia vita, soprattutto in adolescenza, avrei voluto essere invisibile e passare inosservato agli occhi del mondo. Una cosa è certa, questo continuo stare al centro dell'attenzione mi ha rafforzato nel tempo, poiché è proprio quando siamo sotto pressione e veniamo giudicati che diamo il meglio di noi.

1.2 Mamma Gianna

Un viso che mostra dolcezza, occhi verdi che denotano speranza e positività e un cuore che è aperto a 360°, sempre attivo, a volte anche troppo… I gemelli siamesi hanno una vita in comune, ma con mia madre forse c'è qualcosa di più. C'è un vortice di amore tra noi che gira senza mai arrestarsi, e mai si fermerà. Spesso scherzando le dico che quando me ne andrò di casa uno dei due cadrà in depressione, sicuramente io. È qualcosa che non si può spiegare. Qualche esempio.

Circa una volta all'anno fino ai 18 anni, in parallelo con la mia crescita, occorreva "aggiornare" e rifare da capo protesi e busto. Ma le giornate che trascorsi in viaggio, e all'interno dell'officina ortopedica per modifiche, accertamenti e messe a punto sono state infinite. La maggior parte delle volte eravamo io e mia madre. Per arrivare all'ortopedia ci impiegavamo almeno un'ora, con il traffico. Era straziante, inoltre, stare seduto con la protesi per più di un determinato tempo: mi creava dolori e vesciche.

Passavamo quelle ore a parlare, a scherzare, cercando di non pensare al disagio che avevo. Quanti momenti passati in macchina. Mi accompagnava ovunque, tutti i giorni mi portava e mi riprendeva da scuola, quando dovevo uscire per incontrarmi con i miei amici o partecipare a qualche festa di compleanno, in ogni visita medica, fisioterapie frequenti che dovevo fare.

Quando poi arrivava il giorno in cui dovevo rifare la protesi, era un momento molto impegnativo che vivevo con molta ansia. Si andava in officina ortopedica e si stava lì ore e ore in attesa, in una stanza non molto grande chiamata "sala gessi" dove c'erano un lettino e una struttura di ferro con una base dove mi dovevo appoggiare e in alto delle maniglie per tenermi con le mani.

Poi dovevo indossare una sorta di calzamaglia su tutta la gamba fin sotto le ascelle, e poi mi venivano applicati dei rotoli di gesso bagnati tutti intorno al bacino ben aderenti, fino a formare un busto, poi aspettare alcuni minuti per farlo asciugare e alla fine arrivava il momento tragico: avevo una paura incredibile perché per poter rimuovere il busto dal mio corpo, bisognava usare un seghetto elettrico e l'unica protezione per la mia pelle era la calzamaglia. Quel seghetto elettrico che si avvicinava sempre di più, fino a farmi sentire il calore bollente della lama, mi terrorizzava ogni volta.

Ma non era tutto, la mia povera gamba dopo due ore in piedi non la sentivo più, uno sforzo notevole e non indifferente. Tutto questo sotto gli occhi di mia madre e spesso anche mio padre, che erano lì, sempre pronti a distogliermi l'attenzione da quel disagio che stavo vivendo, con battute e sorrisi per alleggerire la mia tensione. Finito il calco, iniziava la lunga via crucis per le prove della protesi completa, dalle correzioni sul busto, alla regolazione del ginocchio, alle diverse inclinazioni piede, il tutto doveva ricongiungersi in un ipotetico equilibrio che mi avrebbe dovuto permettere di camminare senza troppi problemi.

Ancora oggi al solo pensiero, mi viene un'ansia che mi blocca il respiro. C'era sempre qualcosa che non andava, e prima di trovare una condizione "accettabile" passavano settimane, a volte mesi. I problemi più grandi li causava il busto, sul bacino dove stringeva in modo prepotente, al punto che mi lasciava segni e ferite evidenti, e sotto, nel punto in cui poggiavo tutto il mio peso, sulla parte mancante della gamba, era il punto più sollecitato e più delicato.

Negli anni le abbiamo provate tutte, ma non si è mai riusciti ad arrivare a una condizione confortevole e efficiente. Ho sempre avuto difficoltà nel portare la protesi. Camminavo claudicante e dopo qualche metro accusavo subito dolori e una stanchezza immane, che con il tempo ho imparato a conviverci cercando di superare l'ostacolo con la forza di volontà.

Ma ogni volta era comunque una situazione di disagio; soprattutto quando volevo uscire con gli amici, o magari con una ragazza, per fare una semplice passeggiata era una sofferenza e non mi permetteva di stare libero nei movimenti. Fortunatamente la maggior parte delle volte accanto a me ho avuto persone che comprendevano le mie difficoltà, i miei limiti, e con il loro sostegno sono riuscito a superarli in ogni circostanza. Questo mi ha aiutato e stimolato ad affrontare ogni cosa con determinazione. La sofferenza fisica possiamo comandarla con la mente, ovviamente fino a che non arriviamo allo stremo delle nostre capacità.

Così accadde con l'abbandono di quella protesi, fu una scelta abbastanza graduale. In quelle lunghe attese passate con mia madre all'interno dell'officina ortopedica ad aspettare qualcosa che mi doveva rendere libero di camminare, maturavo un altro senso di libertà fisica che solo al di fuori di quel busto potevo trovare. Insomma dovevo tornare a essere me stesso, come madre natura mi aveva fatto, in grado di correre a modo mio, sedermi senza avere dolori, camminare liberamente come meglio sapevo fare io e mostrarmi al mondo per quello che ero realmente.

Mia madre ha sempre appoggiato ogni mia scelta, soprattutto questa. E non a caso. Lei è stata per tutti questi anni il mio tecnico di fiducia, ormai era diventata un'esperta di quelle protesi, dei loro meccanismi e materiali. Ogni giorno, nel periodo in cui ritiravo la gamba nuova, c'era un problema, un fastidio. Ovviamente non potevamo stare tutti i giorni a fare avanti e indietro fino a Roma, e quindi ci siamo dovuti adattare.

La cameretta degli ospiti era diventata la nostra officina. Mia madre passava intere giornate a cercare di sistemare prima un punto, poi un altro, poi un altro ancora. Metteva mani su tutto, a volte i tecnici stessi dell'Officina ortopedica si stupivano del lavoro che faceva, che superava in qualità persino il loro. Non esisteva giorno o notte se avevo un problema.

Mi ricordo che spesso la mattina, prima di andare a scuola, spuntavano dei nuovi dolori e, in extremis, lei era lì a cercare di mettere toppe per andare avanti, per superare almeno quelle sei ore di lezione. Ore che sembravano interminabili, soprattutto quando ero costretto a rimanere seduto quasi tutto il tempo: un incubo. Per non parlare del periodo estivo, nel quale avevamo addirittura inventato un rivestimento di cotone che coprisse il busto per non farmi sudare più del dovuto.

Ma queste sono piccolezze, giusto per dare il senso di tutto il resto. Un'intera vita donata a un'altra vita, la mia. Lei, che non ha mai chiesto niente in cambio. Lei, che mi ha sempre dato di più di quello che poteva. Lei, che mi è stata sempre vicina, mente e cuore. Nella mia vita non mi sono mai confidato con nessuno, se non con mia madre. Parliamo di tutto, qualsiasi cosa, non ho segreti di fronte a lei, non esistono limiti nel nostro confrontarci. Quel suo essere umile in tutto, nel comportamento e nel dialogo, rende ogni discorso condivisibile e ti fa sentire importante anche se dici una cosa di poco conto.

Mia madre parla di me:

«La vera sorpresa non è stata vederlo senza la gambina ma la disarmante bellezza e semplicità di un visetto tondo e due occhietti vispi che mi scrutavano. In pochi secondi realizzare che: ciò che per nove mesi aveva occupato notte e giorno tutti i miei pensieri, era lì... racchiuso in un esserino di tre chili e cento che mi fissava come a dire: "svegliati... non sono un sogno!" e all'improvviso vanificare le tante domande, lasciandomi con una sola risposta: ARTURINO!

Da sempre l'ho definito un bambino "speciale", non perché fuori dal comune (singolare, particolare, infrequente, come cita il vocabolario alla parola speciale), ma perché, con la sua presenza e ancora prima di nascere, ci ha proiettato in una dimensione di vita completamente nuova. Fare i conti con situazioni di ogni genere, rivedere i nostri parametri di normalità, entrare nel mondo sconosciuto delle protesi e (può sembrare banale) al chiamare la sua protesi... "la gambetta", quasi a voler umanizzare quei tubi di acciaio e meccanismi artificiali che dovevano compensare quella parte mancante del suo corpo.

Gestire momenti particolari a cui non eravamo abituati, come le domande della gente fatte di sguardi continui quando si usciva per una passeggiata, al sentirsi tacciati di egoismo e incoscienza per averlo messo al mondo. Insomma, era un po' sentirsi sempre sotto l'occhio del ciclone e stare sempre attenti a non farsi travolgere. Il nostro spazio sacro (nel senso di non valicabile da chiunque) era quello che ci consentiva di costruire il nostro equilibrio familiare, vitale per noi, poiché, proprio questo, ci ha permesso di vivere la nostra preziosa normalità con Arturo fino a oggi.

Una condizione e una dimensione che lentamente ha ridisegnato e plasmato la nostra vita, facendola diventare un giardino fiorito. Per poter pensare alla protesi, bisognava aspettare il compimento dell'anno, l'età in cui i bambini iniziano a camminare. Nel frattempo, Arturo (Arturino per tutti) cresceva dando il meglio di sé in tenacia, energia, vivacità, allegria, simpatia… insomma, adorabile in tutto! Questi ingredienti lasciavano presagire già il carattere e la personalità carismatica che, come una linfa vitale, stillava in noi dosi quotidiane di forza, serenità, gioia, energia ed entusiasmo che ci permettevano di affrontare ogni cosa con lo spirito giusto.

Le prime difficoltà oggettive sono iniziate quando ha messo la prima protesi, per un bimbo di solo un anno non doveva essere così semplice imparare a gestire un corpo estraneo. Per esempio, quando doveva sedersi e piegare il ginocchio doveva ogni volta sbloccare, tirando una cordicella, un meccanismo di sicurezza che non rispondeva sempre con prontezza; ma lui, con la sua pazienza, lo aveva fatto diventare un gioco.

L'adattamento alla protesi richiedeva anche stressanti cicli settimanali di fisioterapia; il centro riabilitativo non era vicino casa e il lungo percorso che facevamo ogni volta era un tempo per giocare, cantare e ridere. Tutto ciò è stato il nostro circuito quotidiano che si è ripetuto ogni anno, quando doveva cambiare o adattare la protesi alla sua crescita e puntualmente ci si trovava sempre ad affrontare nuove difficoltà.

In tutto questo susseguirsi di giorni, mesi, anni, la fonte dove trovare nuove energie per affrontare problemi e incognite... paradossalmente è stata sempre lui: Arturo. Sì, proprio così, basta pensare a tutte le interminabili attese, pomeriggi o intere giornate nel laboratorio ortopedico, per le prove della protesi che richiedevano dosi speciali di pazienza, ma lui non si perdeva d'animo e le attese diventavano momenti di complicità, di gioco, palestra, e ogni volta, a fine giornata, una perla preziosa.

Nel tantissimo tempo trascorso insieme, seguendolo in tutte le sue necessità nel quotidiano (durante le ore di fisioterapia, alla scuola materna dove spesso restavo a fargli da assistente, al diventare il suo "tecnico" personale, per cercare di rendere più confortevole la protesi che, dovendola gestire per mezzo di un busto rigido, gli procurava spesso ulcere e dolori al bacino, a tutto il resto del percorso scolastico fino alle superiori, con le attività sportive e alla partecipazione a un gruppo giovanile parrocchiale di cui è il fondatore e il responsabile), ho avuto la possibilità di costruire un rapporto solido fatto di dialogo, confronto, di gioie e sofferenze condivise che nel loro insieme sono diventati momenti unici che hanno impreziosito le pagine della nostra vita.

Incontrare Arturo significa farsi contagiare dalla gioia di vivere con il suo sguardo sereno, la semplicità, la sensibilità, la generosità, la tenacia, la speranza, la forza e... non solo. Tutto ciò si coniuga con la bellezza della diversità, fatta di sfumature di tanti colori e allo stesso tempo di una sola Luce. Non sempre si possono coniugare difficoltà e gioia di vivere ma quando parlo di Arturo, spesso ripeto: "È una Benedizione per la nostra famiglia e una lezione di vita ogni giorno"».

1.3 Papà Stefano

Sangue del mio sangue, sono parte di lui e lui è parte di me. Un esempio, una guida, è lui che mi ha insegnato a vivere. Alto, scuro di carnagione, spalle da nuotatore e fisico delineato. Sul volto uno spirito acceso, combattivo e sempre pronto ad andare fuori dalle righe, fuori dagli schemi precostituiti. È proprio questo che l'ha sempre contraddistinto. Per i suoi valori e le sue idee sarebbe disposto a dare la vita. Non conosce alcuna via di mezzo, o bianco o nero, ovviamente su argomenti di un certo rilievo.

Purtroppo però, questa determinazione nel portare avanti le proprie idee, in maniera ferrea e a volte non curante del modo in cui si presenta, fa nascere dei contrasti, delle invidie da parte di chi non sa apprezzare e cogliere l'essenza di quei comportamenti. Nonostante il suo modo di fare, che può apparire duro e "autoritario", basta un niente per conquistare la sua fiducia, la sua lealtà e il suo amore. Non si limita con nessuno nel donare e condividere tutto quello che ha.

Il suo essere coerente si rispecchia perfettamente in tutto quello che fa, nel lavoro, in famiglia e nelle relazioni con il prossimo. Sin da piccolo era uno spirito libero, non a caso lo chiamavano "selvaggio". Lui, i suoi due fratelli e suo padre, insieme aprirono una ditta di costruzioni, che lavorò per moltissimi anni. Poi a soli

19 anni fu assunto in Rai, e nello stesso periodo conobbe mia madre.

Uscivano con lo stesso gruppo di amici, incontrandosi al "muretto" di Piazza dei Gerani a Centocelle, un quartiere periferico di Roma dove entrambi vivevano. Mi raccontano che non ci fu un vero e proprio colpo di fulmine, piuttosto un trovarsi in perfetta sintonia quando parlavano, condividendo gli stessi valori e principi. Dopo poco tempo si fidanzarono e quasi subito decisero di sposarsi. Cosa che realizzarono nel giro di due anni. A soli 24 anni ebbero Alessia.

Anche questa rapidità nel compiere i grandi passi della vita denota quella determinazione che ancora oggi è sempre più viva. Ma vorrei tralasciare i soliti luoghi comuni dicendo che i tempi erano diversi, la mentalità anche e così via, sono sicuro che per loro non sarebbe cambiato nulla neanche tra mille anni.

Da quando sono nato, le attenzioni che ho ricevuto non sono descrivibili neanche se scrivessi mille libri. Ogni pensiero, ogni azione era elaborata in base alle mie esigenze, a quello che potevo e non potevo fare, alla mia crescita sana e guidata. Nulla è venuto a caso. Tutto è ragionato razionalmente e studiato. Ma i miei sapevano che non sarebbe bastato, serviva qualcosa di più per una riuscita perfetta. Serviva un aiuto dall'alto: la fede.

È lui che mi ha insegnato il valore dei soldi, che in fin dei conti, grande valore non hanno. Ogni volta che volevo qualcosa, o prima o dopo, venivo sempre accontentato. Ma non era un contentino della serie "ti compro la palla così giochi da solo e io ho fatto il mio dovere da padre", era qualcosa di più. Ogni piccolo gesto era fatto in modo tale da smuovere la mia coscienza e farmi arrivare un messaggio, e questo valeva anche quando ero veramente piccolo. Anche quando non arrivava quel che desideravo, c'era in me un senso di benessere a prescindere.

Mio padre parla di me:
«Arturo è un ragazzo sicuro dei suoi mezzi, lotta contro ogni ostacolo per superarlo, sa vedere la luce in ogni tunnel buio, è sempre in equilibrio. La sua presenza non è timida o silenziosa, è viva, calda, ti avvolge e ti stritola di calore.

Ragazzo solare, allegro, sincero, incapace di portare rancore, di perdersi in futilità, sempre pronto alla battuta, allo scherzo, anche a ironizzare sul suo handicap. E poi è uno sportivo vero, ha praticato tanti sport ed è un fanatico della forma fisica. Prima che nascesse abbiamo trovato una casa più accogliente dove potesse muoversi senza ostacoli.

Così abbiamo cambiato città, da Roma ci siamo spostati a Guidonia, dove avevamo trovato un appartamento molto ampio e da ristrutturare secondo le future esigenze. In questo sapevamo che potevamo contare su mio fratello Adriano, titolare di una ditta di ristrutturazioni edili. Questa casa è stata progettata e costruita in tre mesi, secondo alcuni parametri ben precisi: porte con ampiezza fuori misura, bagno vicino alla cameretta dove era previsto stesse Arturo, ampi spazi dove poteva muoversi con la sedia a rotelle, un grande terrazzo, una palestra.

Arturo aveva un paio d'anni quando ci siamo trasferiti, aveva da poco tempo iniziato a camminare con la protesi e da subito apprezzò moltissimo questa casa dove poteva cimentarsi in interminabili corse, liberare tutte le sue energie, sentirsi libero in un luogo senza ostacoli.

Ma il suo pallino era, ed è tuttora il pallone. Sin da piccolo passava ore e ore nel terrazzo a palleggiare a tirare nella porta. Non si sa quante ne avrò comprate, di tutti i tipi e materiali. Non duravano che pochi mesi e questo fa capire quanto venivano usate. Spesso mi preoccupavo per i vicini, perché più Arturo cresceva e più rumore si sentiva con questo pallone che rimbalzava o era sbattuto verso le pareti esterne di casa, facendo tremare anche i vetri.

Tutto il giorno, estate e inverno non faceva differenza, neppure la pioggia lo fermava. Spesso il cortile di casa e la strada stessa venivano trasformati in campi di calcio improvvisati, in cui si raccoglievano tutti i bambini del vicinato. Lui non si vergognava di andare in mezzo a loro, né si ritirò quando una volta successe che fu schermito; la sua reazione decisa e pacata generò in tutti i bambini un sentimento di rispetto, affetto e stima.

Per chi non lo conosce può apparire sprezzante, arrogante, superficiale, distaccato, ma non è così. Ha solo una visione della vita "superiore". Non i nostri schemi, il nostro modo di vedere le cose, le situazioni, le persone, che quasi sempre ci portano in uno stato di eterna scontentezza. No, lui sa come gestire persone e situazioni, senza perdersi mentalmente in inutili pensieri. È come se avesse in mano la vita ed è lui a farla sussultare, non viceversa».

Passo 2:
Come acquisire consapevolezza e sicurezza

2.1 Un punto di partenza

Siamo abituati a dare per scontate la maggior parte delle cose. Diamo per scontato il cibo in tavola, diamo per scontato l'affetto delle persone più vicine, diamo per scontato il tetto che abbiamo sulla testa e, spesso, diamo per scontata anche la nostra confidenza nelle cose, e in noi stessi.

Ma è giusto lasciarsi scorrere la vita davanti in questo modo? A questa domanda devi rispondermi tu. Secondo te, è così scontato camminare con due gambe? È scontato tenere la mano della persona che ami mentre passeggi assieme a lei? È scontato, in ultimo, che tu debba vivere una vita già segnata come spesso avrai pensato?

Sulla mia pelle, ho constatato più volte come, ciò che per gli altri sembrava di una naturalezza disarmante, per me non lo era: non lo era mai – ma viceversa, c'erano cose che io vedevo, e per cui tutti gli altri sembravano ciechi. È una cosa che mi ha sempre disorientato.

Sin da bambino, impiegando più degli altri a imparare come camminare e correre, mi sono domandato l'utilità di certi comportamenti: non potendo fare passi falsi, volevo capire dove certe lamentele mi avrebbero portato. Spesso la risposta era da nessuna parte.

Si dice non si possa conoscere la vita senza aver vissuto esperienze al limite, come in un certo senso è la mia. Non credo sia vero: l'esperienza di chi le ha vissute può essere di grande aiuto. Si può conoscere il fondo anche senza toccarlo, o amare le stelle senza aver mai orbitato sulla Stazione Internazionale. È la realtà che ci circonda che ce lo permette.

E una volta compresa davvero questa realtà – una volta presa coscienza di ciò che è possibile – il tempo e le energie che spenderemo nelle cose assumeranno un peso differente. Sull'isola deserta, mi chiedo quanto tempo Crusoe abbia passato a lamentarsi, e quanto invece a costruire una capanna. Prima della sua Marcia del Sale, Gandhi parlò, o agì? Entrambi conoscevano la realtà della propria condizione, e si sono comportati di conseguenza. Nulla ci frena dal fare lo stesso.

Per partire col piede giusto nel lungo viaggio che è la consapevolezza di sé stessi, dobbiamo però prima sviluppare dei presupposti che ci permettano di vivere una vita cosciente e consapevole. E dobbiamo farlo individualmente; in maniera indipendente da altre fonti di condizionamento. La realtà che viviamo è una percezione personale, non-univoca e non-oggettiva nonostante, appunto, diamo spesso per scontato sia così.

Prenditi un attimo. Ripensa alla tua vita. Quante volte hai agito in maniera automatica, alienandoti da te stesso? Forse lo stai facendo persino adesso, leggendo queste righe distrattamente, con la testa a questa o a quella cosa da fare. Le parole ti scorrono davanti come un fiume in piena, e ne vieni travolto, del tutto in balia del flusso. Eppure, potresti pescare da questo fiume, e trovare nutrimento. Per il tuo corpo e per la tua anima.

Perché te lo dico? Perché so per certo che credevi di sapere chi fossi, senza renderti conto che la tua realtà è in verità la somma delle esperienze che hai vissuto durante tutta la tua vita – anche quelle che hai vissuto dal sedile del passeggero, delegando agli altri il compito di guidare. Magari ricordi cose significative, certo, ma tutti quei momenti in cui non sei stato del tutto nelle cose che facevi, ecco, li hai già persi.

Altre esperienze sono archiviate nel tuo inconscio, lì credi di non aver accesso, chiuse a chiave dietro porte che non avrai mai il coraggio di spalancare. Un tesoro di conoscenza vi giace nascosto. Se fosse denaro, non ne andremmo alla ricerca? Questi elementi plasmano costantemente la realtà che vivi, senza che tu nemmeno te ne accorga: esperienze vissute, esperienze ignorate e esperienze dimenticate.

Iniziamo col dire che non esiste né il giusto né lo sbagliato, nel miglioramento personale: e nemmeno riguardo queste esperienze, nel momento in cui riconosciamo plasmino noi stessi. Esse sono percezioni che tendono a omologarsi per strutturare e catalogare con più semplicità le informazioni. Un uomo nato e vissuto al Polo

Nord viene qui nel nostro paese in pieno inverno: come si potrà sentire? Probabilmente avrà caldo: sarà un clima piacevole, per lui. La sua percezione si fonderà su un'esperienza ben diversa. Nonostante la misurazione della temperatura sia oggettiva, la percezione che ne avrà sarà basata su un fattore esterno.

Ora pensa al dolore: ognuno di noi ha una soglia più o meno alta che fa percepire quella sensazione in maniera differente, e difficilmente descrivibile. Fattori ambientali esterni, stato d'animo, esperienza passata e significato dato al dolore (oltre a doti fisiche), determinano il grado di sofferenza. Sofferenza che è fisica, ma anche emotiva.

Anch'io soffrivo molto, per essere nato con una gamba sola. Questa sofferenza aveva poi conseguenze fisiche, e emotive, che negli anni mi avrebbero forgiato. È stato difficile, quando ero bambino: non lo nascondo; ma è stata anche una sfida naturale, spontanea, in cui mi sono ritrovato, e che non potevo permettermi di perdere. Nel descrivere la mia vita in quel modo, ho contribuito a renderla tale, e quindi a vincere.

2.2 Leggere la mappa

Il linguaggio esprime la nostra realtà interiore, e costruisce al contempo la nostra percezione della realtà esteriore. E quindi, la concretizza. Non è un caso se la *Programmazione Neuro Linguistica* definisca il linguaggio con il quale descriviamo a noi stessi il mondo una *mappa*, perché come una mappa, anche tale linguaggio astrae la concretezza delle cose, fornendoci una visione semplificata degli eventi.

Sappiamo però adesso che la nostra realtà interiore (così come quella esteriore) è molto più complessa della rappresentazione che spesso pigramente ne facciamo, perché comprende, appunto esperienze vissute, esperienze ignorate e esperienze dimenticate. *La mappa non è il territorio*. Per compiere questo lungo viaggio, dovrai accettarlo.

È chiaro la mappa che abbiamo a disposizione ha molte più potenzialità di quelle che crediamo. Essa non ha solo a che fare con le parole, ma può esistere in tre dimensioni! La nostra comunicazione è, infatti, composta da più fattori, e comprende elementi che non si possono esprimere altrimenti.

Vi è:

1. Il linguaggio verbale, che è ciò che affermiamo agli altri o a noi stessi;

2. Il linguaggio para verbale, che è come viene detto ciò che affermiamo agli altri o a noi stessi (volume, tono, pause, velocità);

3. Il linguaggio non verbale, che è come ci comportiamo mentre affermiamo determinate cose agli altri o a noi stessi (gesti, espressioni del viso, postura).

Il rischio più grande rispetto a questi fattori è utilizzarli senza preoccuparsi di ciò che comportano – e quindi comunicare senza preoccuparsi della risposta. Il messaggio è, spesso, proprio nella risposta che ci attendiamo dagli altri o da noi stessi; dunque, non esiste un concetto, se il concetto non arriva. Non esiste una mappa, senza nessuno che la legga.

Nella vita (e perciò nelle relazioni, nella vendita e nel lavoro) è fondamentale comunicare con chiarezza: da una parte, per costruire per noi stessi una mappa che possa portarci da qualche parte; e dall'altra, per dare indicazioni utili al prossimo affinché ci comprenda, e possa raggiungere quella verità che abbiamo dentro. Lo so, non sempre è così semplice. È per questo che voglio mettere a tua disposizione gli strumenti più potenti e efficaci per una giusta comunicazione. Nel corso degli anni, ho osservato un sistema di ragionamento distruttivo che spontaneamente ciascuno di noi mette in pratica nella propria vita, e penso che esso sia il motivo principale di separazioni, litigi e fallimenti. Te lo mostro.

Dire: "se non mi porti a cena, allora che non mi ami", oppure "se non sono carino, allora non piacerò a nessuno" è una forma di comunicazione errata. In che modo possiamo aspettarci che determinati comportamenti (che per noi hanno un valore) debbano essere ancorati a determinate azioni che compiono gli altri, o viceversa? Tali azioni avranno uno specifico significato, per gli altri, e un valore diverso dal nostro. Io lo chiamo Sistema Se-Allora, e spesso è una forma di inadeguatezza rispetto alle cose, e alle persone, o alle nostre abilità.

La comunicazione non sempre identifica le intenzioni, ma non per questo le intenzioni degli altri dovrebbero essere negative. Le delle persone sono sempre positive, così come i comportamenti, finalizzati a bisogni interni che sono tutt'altro che negativi.

Persino l'atto di passare con il rosso, o di saltare la fila, cela esigenze del momento che l'individuo che le ha compiute riteneva necessarie, e perciò positive ai propri fini. Non per questo è giusto compiere simili azioni, dimostra però come mappa e territorio siano distanti, e come ciascuno di noi sia responsabile di disegnare la mappa migliore possibile per sé, anche in relazione ai bisogni degli altri, e ai risultati che si vogliono ottenere.

Da ragazzo mi dicevo: "Se non ho due gambe, non posso giocare a pallone", e era questa un'altra forma di inadeguatezza, perché con la comunicazione che avevo creato, non potevo essere all'altezza dei miei coetanei. Avrei dovuto plasmare la mia comunicazione, per fa sì che il mio cervello lavorasse diversamente. Nel momento in cui ci concentriamo sulle nostre mancanze, possono svilupparsi solo due eventualità: o ci arrendiamo, o prendiamo coscienza di ciò che non va, così da cambiarlo. Con una gamba, potevo giocare a pallone a modo mio.

2.3 Come funziona il nostro cervello

Il nostro cervello è straordinario, e comprenderne il funzionamento sarà determinante per scoprire il nostro potenziale. Mi ha sempre incuriosito individuare il motivo più profondo per il quale le persone agissero, e quindi facessero cose come uccidere, litigare, piangere, star male. Mi chiedevo: cos'è che rende tutto ciò possibile? Perché ho paura? Perché il mio cuore batte più veloce, quando ho paura? Perché ricordo? Perché mi capita di piangere di fronte a un ricordo? A tutte queste domande, forse non c'è una sola risposta: ce ne sono tre.

Negli anni Settanta il neuro scienziato Paul MacLean sviluppò la cosiddetta Teoria dei Tre Cervelli, ipotizzando che nel corso della propria evoluzione l'uomo avrebbe costruito in realtà non uno bensì tre sistemi principali, che chiamò: cervello rettiliano, cervello limbico e neocorteccia. Questa suddivisione permise alla scienza un enorme salto in avanti, nel comprendere come il cervello rispondesse agli stimoli da cui è bombardato.

Il cervello rettiliano è sede degli istinti primari, di quelli sessuali, delle funzioni autonome, dell'ambiente, della risposta attacco-fuga e delle gerarchie sociali.

Tutto ciò che riguarda questa parte del cervello, si muove in totale assenza di coscienza:

1. Territorialità, aggressività e possesso;
2. Sessualità;
3. Percezioni della realtà rigide e ritualistiche;
4. Sopravvivenza.

Il sistema limbico è, invece, l'evoluzione del cervello rettile: un progresso acquisito grazie a nuove capacità relazionali con l'ambiente circostante. Emozioni e sentimenti sono originati in questa sede, che ci permette di prenderci cura dei nostri affetti. In un certo senso, è la nostra parte bambina, quella che si emoziona, che conservante il senso di attaccamento alle cose e che, romanticamente, definiamo: cuore.

Ogni emozione nasce nel sistema limbico: paura, rabbia, gioia, timore, tristezza, piacere e tutte le loro sfumature. Preghiera, meditazione e riflessione interiore ci permettono di esercitare un controllo su di esso, fondamentale per gestire le nostre emozioni. L'ultimo e il più evoluto di questi cervelli è la neocorteccia; sede del linguaggio, della mente e del pensiero, che struttura tutte le informazioni razionali e cognitive.

La sopravvivenza, qui, ha un valore differente: ogni scelta viene presa in maniera razionale, basata sulla previsione del futuro. Questa parte del cervello crea connessioni tra ciò che succede e ciò che è successo: tra la realtà, quindi, e i vari significati che abbiamo costruito. Se ti è capitato di scottarti, da bambino, sai cosa intendo.

Vi è infine un elemento che riordina e equilibra l'attività di questi cervelli: è la coscienza. È quella vocina dentro di noi che spesso crea contrasti tra pensieri e azioni – è, soprattutto, il compagno di viaggio che avremo per tutta la vita. Conoscerlo adeguatamente è l'unica cosa che possiamo fare, per non subirne la presenza.

2.4 Il nostro compagno di viaggio

Tu sei la persona con la quale passerai la vita intera. E allora perché fuggi? Perché agisci in maniera chiusa, distaccata e superficiale, verso te stesso? Per molto tempo, io ho odiato la mia immagine allo specchio, non solo per un fattore estetico. A te è mai capitato? Odiavo la mia interiorità, le mie insicurezze, i miei blocchi, le mie paure. Mi guardavo e mi dicevo: "perché proprio a me? Perché io?". E così mi sentivo fuori luogo, e a disagio, perché solo.

Ecco, questo credo sia un perfetto esempio di Convinzioni Limitanti, e sono contento di dartelo proprio io, perché se così grande è stata la mia rivincita, altrettanto grande potrà essere la tua. Finché resterai da solo, però, non sarà possibile: devi andare d'accordo col tuo compagno di viaggio!

Proviamo a fare un esercizio: voglio farvi conoscere meglio. Leggi la seguente tabella, e svolgi gli esercizi che troverai più avanti. Il tuo viaggio è già iniziato.

Accettazione	Accettare e amare te stesso rappresenta l'inizio di questo percorso. Impara a distinguere le cose di te che possono e devono essere cambiate, e accogli, con serenità quelle che non puoi cambiare. Passare una vita a ripetere di volere il cambiamento senza valutare le opzioni a disposizione è semplicemente un'auto-paralisi procurata.

Responsabilità	Assumiti in prima persona la responsabilità della tua vita. Il motore di ogni business, successo o relazione è la capacità di ottimizzare le proprie risorse, il potenziale; e allo stesso tempo di prevenire ciò che accadrà. In questa previsione però devi strutturare il tuo agire.
Condizionamenti	Impara a non farti influenzare dalle opinioni altrui e dalle credenze popolari. In ogni viaggio, ci saranno indicazioni giuste, e indicazioni sbagliate. Sta a te saperle distinguere, attraversando anche degli errori. L'importante è scegliere con la nostra testa però: non esiste altro modo per non viaggiare da passeggeri.

Dialogo interiore	Il modo in cui ti parli condiziona direttamente i tuoi pensieri, le tue emozioni e, di conseguenza, i tuoi comportamenti. Devi averne molta cura, non basta volerlo: hai bisogno di continui aggiornamenti. Pensa a come ti senti dopo aver ricevuto un like su un social: aggiorneresti di continuo, per trovare nuovi feedback, e questo perché un giudizio positivo ti dona sicurezza. Se non dovessimo dipenderne, potremmo vivere per sempre quella sensazione. Aggiorna la tua vita, allora, perché like più bello sarà il tuo.
Rispettare gli impegni	Ogni impegno preso e non mantenuto, è in grado di minare la fiducia in te stesso. Persino rimandare, procrastinare o posticipare è una forma di mancanza di rispetto verso gli impegni presi, e dunque la tua fiducia. Se ciò avviene, può essere per una mancata organizzazione, o per una lettura errata del contesto. Prendi impegni che puoi rispettare, e onorali. È il solo modo di valutare il mondo a tua misura.

Talenti	I tuoi talenti sono le tue risorse. Ognuno di noi, d'altronde, ha dentro un potenziale potenziabile: non si nasce imparati, come si suol dire; né strutturati. *Abbiamo però delle* predisposizioni *naturali, genetiche,* che potranno esserci d'aiuto nella vita. Ignorarle è partire impreparati.

Questa che abbiamo preparato sarà la nostra borsa: una piccola lista di cose che dovremo sempre portare con noi, nel viaggio. È ciò di cui abbiamo bisogno per metterci in movimento verso la metà, e per risolvere le questioni più critiche.

Esercizio:

Ora pensa a un momento in cui ti sentivi meravigliosamente bene. Chiudi gli occhi e immagina quel momento nel modo più dettagliato possibile. Dai chiarezza all'immagine, ai volumi, ai suoni, e rivivi le sensazioni che vi sono associate. Entra fisicamente in quell'esperienza e ritrovarti in quel ricordo, come se l'evento stesse accadendo proprio ora. Osserva, ascolta, assapora.

Se la cosa ti aiuta, dà luminosità ai colori, e respira allo stesso modo di allora. Presta attenzione alla magnifica sensazione che provi a livello corporeo: scopri dove si origina, dove ti porta, e in quale direzione ti sta portando. Pensi che in futuro potrai tornare a sentire questa sensazione? Fai girare questa sensazione in tutto il tuo corpo, mentre pensi al futuro e alle cose che, probabilmente, farai nelle prossime settimane.

Non ti sorprendere, quando ti accorgerai di sentirti divinamente per nessun apparente motivo.

2.5 Muoverci nel territorio

Mi sentivo esattamente in quel modo, quando mi trovavo a casa. Al tempo stesso, fuori ero sotto pressione in ogni circostanza, e mi rapportavo di conseguenza. Da me potevo trovare le cose anche al buio, mentre altrove mi sentivo perso anche in piena luce.

Ovviamente non poteva essere colpa delle case o degli oggetti in generale – dopotutto, sono le persone a creare l'ambiente, arredandolo con le proprie idee. Questo avviene nel nostro quotidiano quando usciamo dal nostro habitat, e sentendoci disorientati, adottiamo comportamenti funzionali. Chi si sente sicuro in ogni dove, non lo fa grazie ai posti, ma perché porta la propria sicurezza con sé, e la proietta negli oggetti, negli ambienti, nei territori – è così certo di trovare la strada, che la sua mappa lo porta effettivamente dove deve andare.

Il fattore ambientale, quindi, influenza direttamente i nostri comportamenti e può essere percepito come un elemento ricco di stimoli e opportunitàà, oppure come un insieme di vincoli che limitano nei comportamenti, in base al nostro stato mentale. Ero a disagio quando dovevo parlare, camminare o farmi vedere, dunque dicevo: "E se resto a casa?"; come se a casa non fossi lo stesso insicuro rispetto al mio parlare, camminare o farmi vedere.

Evitare il contatto con l'ambiente per evitare la sua influenza è la reazione più spontanea della nostra mente; anch'io l'ho vissuta sulla mia pelle. Piuttosto, avrei dovuto rendermi conto di quanto l'ambiente potesse essere positivo, se fossi stato positivo anch'io.

È fondamentale prendere coscienza di come ci sentiamo quando siamo in determinati spazi, in modo da intervenire quando necessario. Ecco dunque un esercizio utile a definire la tua percezione nei confronti degli ambienti in cui vivi. Se sapremo guardare al territorio in maniera schematica, capiremo molte più cose sulla nostra mappa, e su come modificarla per arrivare alla meta.

Esercizio:

1.   *Giudichi gli ambienti in cui vivi (casa, lavoro, sport etc.) stimolanti o limitanti?*

2.   *Quando sei in quei luoghi, ti senti carico o scarico, felice o triste?*

3.   *Dove ti senti completamente a tuo agio? Dove ti senti in difficoltà?*

Eppure spesso siamo molto bravi a muoverci, ma non abbiamo metodo. Questa mancanza di ordine ci rallenta, ci limita o ci fa perdere del tutto. L'ordine però è un dato stabilito: non è qualcosa di assoluto. Esso ha a che fare con il nostro grado di coscienza rispetto a noi stessi, e all'ambiente, e agli obiettivi. Siccome però ora non siamo più passeggeri ma veri viaggiatori, pronti a percorrere tutta la strada, chiediamoci quali siano i fattori che ci influenzano positivamente e quali invece negativamente.

Una volta comprese le influenze potremo comprendere e acquisire sicurezze sulle nostre capacità, e dunque fare ordine rispetto al modo con il quale potremo attingervi, e sfruttarle. Sviluppare nuove capacità a quel punto significherebbe solo aggiungere nuove opportunità, non distrazioni.

Le capacità diventano comportamenti che generano prestazioni efficaci solo se si coniugano in maniera congruente con il ruolo organizzativo. Le competenze derivano infatti dalle caratteristiche intrinseche dell'individuo che hanno stabilità, flessibilità al fine di incrementare la conoscenza e l'acquisizione di nuove capacità.

Possiamo così attivare competenze specifiche in determinati ambiti che l'ambiente richiede, e in questo modo, muoverci in maniera coerente e sicura, senza fare zig-zag lungo la strada.

Esercizio:

1. *Identifica 3 capacità che ti riconosci*

2. *Come sai di possederle?*

3. *Come sai che ciò che fai è giusto o sbagliato?*

4. *Individua 3 capacità di cui hai bisogno in relazioni agli ambienti che vivi.*

Le risposte che hai dato sono già le soluzioni ai tuoi impedimenti, e la struttura per il tuo miglioramento: sono tutte le indicazioni di cui hai bisogno! Devi però prima convincertene. Le competenze in quanto tali potrebbero stabilizzarsi e non ampliarsi se il contesto e la motivazione non intervenissero a costruire opportunità di crescita – ricorda dunque che è la convinzione di essere capaci, a renderci davvero capaci, non il giudizio altrui.

La convinzione è alla base dell'azione. Comprendere quali siano le nostre convinzioni, e i nostri valori, sarà dunque il prossimo passo: ciò che per noi è importante muove tutto, e ciò di cui siamo convinti rende possibile la realtà che viviamo.

Se sei sempre stato convinto che per guadagnare sia necessario un lavoro pratico, e associ l'unica vera libertà a un fattore esclusivo, probabilmente resterai per sempre all'oscuro di cosa voglia dire guadagnare per la tua passione. Se sei sempre stato convinto che per diventare ricco ti occorre un colpo di fortuna, probabilmente non riuscirai mai a ottenere la ricchezza che cerchi, se non per puro caso.

Le convinzioni che abbiamo sono quelle sensazioni di certezza, ma non necessariamente di verità: possono essere catene invisibili che ci frenano, o binocoli che ampliano la nostra visione. Siamo circondati da convinzioni. Esse appartengono a due gruppi: il primo è quello delle Convinzioni Limitanti, che sono poi simili a quella protesi che ho portato per tutta la vita. Sono protesi mentali che ti bloccano e ti impongono determinate azioni da compiere, in pratica non ti permettono di esprimere il tuo potenziale.

Il secondo invece è quello delle Convinzioni Potenzianti, che hanno invece l'effetto contrario: se credi di poter svolgere un'azione, grazie a esse probabilmente ce la farai, perché sarai più propenso, ampliata la tua visione, a capire come sfruttare le tue capacità, e dunque a agire nel tuo ambiente con comportamenti adeguati ai tuoi obiettivi. Bisogna solo capire verso dove stiamo andando.

2.6 La giusta direzione

Come ti ho detto, mi convincevo di non poter giocare a pallone, senza una gamba, anche se con una gamba invece potevo fare tutto a modo mio. Forse questo è un caso estremo, ma non pensare sia stato il solo al a porsi dei limiti, nel corso della propria vita. Forse capita anche a te, di tanto in tanto: o forse sai di essere spesso intrappolato. Basta dire frasi come: "è troppo complicato", o "non valgo abbastanza", per cadere nei vincoli delle Convinzioni Limitanti.

Marco Aurelio, imperatore romano, scrisse che *ognuno vale quanto le cose a cui dà importanza*. Dubitare delle proprie capacità vuol dire allora dubitare non solo delle proprie convinzioni, ma anche delle cose a cui diamo importanza, che ci piacciono o che ci smuovono. Forse allora non ci interessano così tanto – o forse, preferiamo credere sia così, perché darci una mossa è più faticoso che lamentarci.

Comprendere la nostra scala di valori significa comprendere il valore di ogni obiettivo che ci poniamo e di ogni meta verso la quale dobbiamo o vogliamo dirigerci. Se sappiamo con chiarezza cosa è davvero importante, agiremo di conseguenza, sbaglio?

Questi valori, come molte cose della nostra vita, possono essere determinati dall'ambiente in cui viviamo o abbiamo vissuto; possono essere determinati dai comportamenti che abbiamo sempre adottato, dalle capacità che abbiamo sviluppato e che ci hanno portato ad avere convinzioni limitante o potenzianti rispetto a quel valore, ma soprattutto, possono esserci tramandati dalla famiglia, dalle esperienze e dalle amicizie.

Sono sempre rimasto affascinato dall'epos di Omero: a distanza di secoli, egli (o chi per esso) riuscii a tramandare gesta pregne di valore. Guardando all'Iliade, riconosciamo immediatamente la determinazione dei suoi eroi. Nessuno avrebbe accettato una sconfitta.

Se lo chiedessi a te, sapresti dirmi quale valore ti muove? Sarebbe forse la fama? Il potere? Il denaro? Esistono in realtà due tipi di valore: il Valore Fine e il Valore Mezzo. Il Valore Mezzo è solo un tramite, e come tale non ha una reale concretezza. Può essere intercambiabile, e dunque le nostre azioni verso di esso saranno difficilmente determinate e salde. Molti fallimenti della tua vita potrebbero essere stati causati da questo: da un aver inseguito il valore sbagliato, facendo di tutto per ottenere un mezzo, non il vero fine.

Il Valore Fine è lo stato emozionale che desideri. Esso potrebbe essere l'eccitazione, il controllo, o la tranquillità. Molte persone però cadono nella trappola di definire come obiettivo della vita il raggiungimento di cose che però non ci faranno mai sentire davvero come vogliamo.

La libertà è un valore che si può ottenere attraverso molte modalità: una casa indipendente, la ricchezza, la persona che ami, lo sport, la tua passione realizzata. Inseguire ciascuna di queste cose però non donerà la libertà. Potremmo fare una vita da sportivi, e sentirci comunque limitati dalla dieta e dall'allenamento – potremmo acquistare una casa tutta nostra, solo per trovare dei vicini fastidiosi.

Al contrario, finché agiamo per la libertà, niente potrà intrappolarci, e ciascun piccolo gesto di soddisfazione sembrerà come una boccata d'aria fresca a ogni respiro. Per identificare quali sono davvero i nostri Valori Fine, rispondi alle seguenti domande.

Esercizio:

1. Quali comportanti devi attuare per essere coerente con il valore della felicità?

2. Quali comportanti devi attuare per essere coerente con il valore della libertà?

3. Quali comportanti devi attuare per essere coerente con il valore della sicurezza?

Dopotutto, come possiamo arrivare dove vogliamo, se andiamo nella direzione sbagliata? Una delle maggiori difficoltà è porsi obiettivi in linea coi nostri valori: stabilire dunque una meta che sia giusta per noi.

2.8 Scegliere una meta

È curioso il modo in cui identifichiamo noi stessi, soprattutto oggi nel mondo del social, dove abbiamo tutti un profilo da mostrare per condividere ciò che facciamo, ciò che siamo. Ma è davvero abbastanza? Siamo davvero quello che mostriamo? Un profilo è diverso dall'identità; esso è uno strato superficiale che semplifica i nostri schemi interiori, eppure molte persone vivono una vita rivolta verso un profilo, non un'identità.

Non è colpa di internet. La verità è che, anche senza quello strumento, forse lo avremmo comunque fatto. Dopotutto, era da qui che siamo partiti: dal comprenderci davvero; dal guardare verso ciò che ci compone senza superficialità, o leggerezza, o indifferenza.

La strada verso una vera coscienza di noi stessi è lunga e insidiosa: ci farà arrivare lontani, solo per riportarci, come è accaduto ora, al punto di partenza. Per scoprire esercitare un giusto controllo sull'ambiente però, e comportarci nella maniera adeguata, sfruttando le nostre capacità, dovremo a ogni costo comprendere di chi è quell'identità collegata ai valori che riconosciamo di avere.

Non è semplice, lo so. L'identità un costrutto di difficile definizione. Essa ha a che fare con i livelli più profondi del processo di incorporazione delle informazioni – l'identità ha a che fare con le nostre missioni.

«Come ti devo chiamare: Disabile? Handicappato? Diversamente abile?». A queste domande all'inizio rispondevo con imbarazzo. Mi guardavo spaesato e pensavo che, forse, avrei preferito non essere chiamato e basta. La risposta che ho trovato, alla fine, è stata dire al prossimo che semplicemente mi chiamavo Arturo, e che quello che ero non poteva essere definito da uno stato fisico. Io ero più dei miei arti: ero ciò che i miei arti compivano, e dunque, dovevo essere una persona in grado di liberare gli altri, perché avevo liberato me stesso.

Identificarsi è identificare ciò che dobbiamo fare nei nostri valori e nelle nostre capacità. La meta è quella. Robert Dills – di cui ti consiglio i libri – in una sua celebre opera pose questa domanda, che mi fu di grande aiuto: «Nell'ambito dello scopo più elevato che guida la tua vita, per chi o per cosa è così importante l'obiettivo che intendi raggiungere?».

È tutto nella semplicità. Questa domanda è così efficace perché è semplice, diretta, immediata. Ogni azione dovrebbe essere influenzata da semplice domanda e precisa. Questa domanda è: cosa voglio? Per chi o per cosa lo voglio?

Esercizio:

1. *Cosa vuoi?*

2. *Per chi o per cosa lo vuoi?*

Ora che hai la risposta, devi solo agire.

RIEPILOGO DEL CAPITOLO 2:

- SEGRETO n. 1: la tua realtà è un costrutto che subisce molte influenze, e la tua volontà può essere tra queste.

- SEGRETO n. 2: il modo migliore per plasmare la tua realtà è il linguaggio con il quale costruisci il mondo. Modifica la tua comunicazione per cambiare la tua vita.

- SEGRETO n. 3: la complessità della nostra mente cela incredibili possibilità di miglioramento. La teoria dei Tre Cervelli di MacLean ne è l'esempio.

- SEGRETO n. 4: accettarti come compagno di viaggio del tuo percorso è il solo modo per vivere una realtà non superficiale.

- SEGRETO n. 5: per poter intervenire sulla realtà che ti circonda devi sviluppare convinzioni in grado di potenziarti, non di limitarti.

- SEGRETO n. 6: per sviluppare Convinzioni Potenzianti, dobbiamo individuare quei valori che sono per noi un fine e non un mezzo.

- SEGRETO n. 7: Identificarsi è identificare ciò che dobbiamo fare nei nostri valori e nelle nostre capacità. Dobbiamo dunque focalizzare cosa vogliamo, e per cosa lo vogliamo.

Passo 3:

Come iniziare ad agire con un mindset vincente

3.1 Camminare con gli altri

Quando ero piccolo, e andavo ancora alle elementari, ricordo di aver pianto a una gita. Avrebbe dovuto essere una di quelle giornate piacevoli dove tutta la classe viene portata all'aperto per visitare questo o quel posto, o prendere questo o quel percorso, insieme. Il problema era che quello, di percorso, non era accessibile per me: pieno di salite e di discese sullo sterrato, era difficile da percorrere, per un bambino come me senza una gamba, e costretto a camminare con la protesi.

Così, poiché non ci riuscivo, dovetti stare da parte e guardare gli altri che andavano. Non ero stato calcolato, ma all'epoca, credevo quasi di meritarlo, e che quello fosse il modo con cui la società mi volesse dire: vedi, questo è il tuo posto.

Capii quel giorno l'importanza di avere buoni amici. Infatti, non tutti decisero di andare. Qualcuno decise di fare il percorso assieme a me, lentamente. Camminare con gli altri è tutta un'altra cosa: sembra quasi di non fare fatica.

Una relazione sociale è il rapporto che intercorre tra due individui. Essa può avere come presupposti l'amore, la simpatia, l'amicizia, o semplicemente la condivisione di passioni o di impegni quali il lavoro o lo sport. Suona un po' freddo?

La verità è che, al di là di ogni definizione, noi siamo essere sociali, che intraprendono nel corso della propria vita milioni di relazioni di qualsiasi genere, in ogni contesto umano. E poiché, come si è detto, ogni essere umano è in continuo cambiamento, l'interazione con una persona in un bar, per strada o al lavoro causa nuovi cambiamenti necessari.

In tutto questo, ovviamente, cerchiamo sempre di mantenere una nostra identità, ma poiché il contatto con gli altri avviene in maniera costante sia attraverso segnali verbali che con la comunicazione non verbale, corriamo spesso il rischio di contrariare, ferire e offendere le persone, nel nostro tentativo di proteggere noi stessi dal cambiamento; nel nostro fare resistenza. Non vogliamo essere contrariati, feriti e offesi dalla comunicazione con i colleghi e con le persone vicine: compromettiamo, così, la qualità dei nostri rapporti.

È possibile migliorare le relazioni interpersonali fuggendo la paura del cambiamento e aprendoci totalmente a una condivisione sincera? Sì, è possibile.

Per far sì che questo avvenga, dobbiamo comprendere in che modo avvenga il processo di comunicazione interpersonale. Molti grandi si sono cimentati nell'impresa di descrivere questo processo (su tutti, ricordiamo Umberto Eco) – cercherò adesso di fornirtene uno schema pratico e diretto:

1.   Il mittente invia il messaggio;

2.   Il mittente utilizza un codice di comunicazione;

3.   Il messaggio viene trasmesso attraverso un canale di comunicazione;

4.   Il destinatario riceve il messaggio;

5.   Mittente e destinatario verificano se la comunicazione coincide con il messaggio.

I fraintendimenti, che Eco definiva Decodifiche Aberranti perché risultanti di una errata decodifica del codice col quale il mittente comunica il messaggio, si possono generare in qualunque tipo di comunicazione.

E sebbene non avremo mai il controllo sulle interpretazioni degli altri, potremo sicuramente trovare un modo per decodificare nella maniera migliore i messaggi degli altri. Per riuscire in questo, dobbiamo affinare la nostra intelligenza relazionale, ovvero la nostra capacità di riconoscere i 3 aspetti fondamentali della relazione:

1.   Ogni persona con la quale comunicheremo nella vita ha una propria intenzionalità;
2.   Tendiamo a comprendere più facilmente chi ci somiglia;
3.   Riscontriamo maggiore difficoltà a comprendere chi è diverso da noi.

Tendiamo a comunicare con quel senso di serenità e benessere solamente con chi comprendiamo e che ci convinciamo possa essere un buon compagno di viaggio per noi, perché simile a noi. Non consideriamo nemmeno la possibilità di mutare il nostro linguaggio per adattarlo a chi comunica messaggi diversi, o in maniera diversa.

Facciamo una grande difficoltà a aprire il nostro cuore a chi reputiamo diverso, e lontano comunicativamente. Così, creando nella nostra struttura mentale un fossato, ci allontaniamo da chi riteniamo un nemico per noi stessi.

Ho incontrato tante persone nella mia vita che si approcciavano con quel senso di diffidenza nei miei confronti. Intuendolo, anch'io mi predisponevo a una comunicazione distaccata, precludendomi molte possibilità. E se quella mia impressione fosse stata solo una mia costruzione mentale che mi facesse da scusa per non relazionarmi?

Probabilmente sono vere entrambe le affermazioni. Da una parte, le persone vedendomi diverso si predisponevano nei miei confronti con maggiore rigidità, o con pietà – del canto mio, intuendo o anticipando le loro impressioni, anch'io mi chiudevo, perché convinto per primo di essere diverso.

Molte difficoltà comunicative non dipendono perciò esclusivamente da una disparità nel codice linguistico: è il timore individuale a portare a conclusioni affrettate, o a farci reagire di stizza di fronte a una particolare affermazione. Molti fraintendimenti nascono da un mancato amore per noi stessi, che riversiamo o proiettiamo nelle affermazioni altrui.

Con le ragazze questo mi capitava spesso, soprattutto da adolescente, quando certe questioni diventano di cruciale importanza per costruire la propria identità. Pensavo continuamente al fatto che nessuna ragazza mi avrebbe accettato per quello che ero; che nessuna si potesse innamorare di me se perché non potevo tenerle la mano – fermamente convinto di queste cose, le rendevo reali, individuandone segnali nella comunicazione delle ragazze con le quali parlavo. Lungo il cammino, ero perciò io ad allontanare gli altri.

È stato solo quando ho trovato la giusta comunicazione con me stesso, che sono riuscito a entrare in empatia con gli altri, vedendo in loro intenzioni positive e non, come credevo, la mia discriminazione. Ponendo migliore attenzione nell'altro, ricevetti la medesima attenzione positiva.

L'empatia è proprio questo: essere capace di mettersi nei panni altrui comprendendo, prima del codice, i sentimenti originari del messaggio. Perché ciò avvenga, è però necessario un atteggiamento aperto, non-critico. Non possiamo trascenderlo, perché come disse il presidente Theodore Roosevelt, l'ingrediente più importante nella formula del successo è saper stare bene con le persone.

Non può verificarsi nulla di simile tuttavia sino a che non ci predisponiamo a ascoltare seriamente. Ascoltare significa conoscere; andare in profondità nella comprensione dei messaggi, nella loro intenzionalità e soprattutto nella finalità desiderata: volgere la nostra attenzione al contenuto e alla forma del messaggio sarà come accettare il valore che quel messaggio ha per quella persona. Ascoltare è, dunque, il principio di ogni relazione.

3.2 Partire col sorriso

Da dove incominciare però? Quali sono i passi migliori per camminare assieme agli altri lungo il tortuoso cammino che ci spetta da vivere? Suggerisco di iniziare sorridendo. Il sorriso genera serenità, abbatte barriere, ha il potere di creare un clima disteso, quando sincero. Sorridendo, il nostro cervello e quello del nostro interlocutore ricevono l'input di rilasciare endorfine, che sono alla base di ogni stato emotivo positivo.

Io ho iniziato da qui, dal sorridere, anche forzatamente all'inizio, scoprendo poi però che quel gesto così semplice e generava un risultato concreto. Non solo il sorriso rompe il ghiaccio e invita alla fiducia, ma ci aiuta anche a gestire le nostre emozioni, calmandoci. Se non ti viene spontaneo, non preoccuparti!

Come per l'allenamento sportivo, ti basterà fare un po' pratica. Una buona relazione nasce da una predisposizione positiva, e empatica. Dobbiamo dunque prendere consapevolezza delle energie positive e negative che muovono il nostro agire, far emergere le prime, e incanalare le seconde verso risultati positivi.

Una volta sorriso, è fondamentale quindi adattarsi allo stile relazionale dell'interlocutore, operando azioni che ci portino a risultare aperti al confronto. Vediamo ora come fare ad adattarsi efficacemente alle altre persone. Mi ricordo come se fosse ieri la prima volta in cui parlai di fronte a una platea, per la presentazione del mio primo libro.

Mi sembrava assurdo! Non avevo iniziato da molto quel viaggio: mi ero tolto la protesi solo da poco, e la reazione delle persone a quel mio gesto mi travolse come un'onda. Così, mi trovai a dover comunicare agli altri il perché della mia scelta e i benefici che quella nuova prospettiva potenziante mi stesse dando – ma mi sentivo fuori posto.

A scuola ero sempre stato una di quelle persone che facevano di tutto per non essere chiamate alla cattedra. Avevo persino il terrore di andare al circo da bambino per paura di essere preso dai performer durante i loro numeri. In qualsiasi evento, e persino in chiesa, mi sedevo sempre in fondo, nascosto.

Mi sono definivo una persona riservata, timida. Non credo che lo fossi per davvero. Ero solo spaventato dalla reazione che gli altri avrebbero avuto nel vedermi, come se fossi un mostro. Le prime esperienze nel parlare in pubblico perciò furono complesse – ci arrivai per gradi. In parrocchia, a 13 anni, ci riunivamo in cerchio e parlavamo di temi di attualità, dovendo dire a turno ciascuno la sua. Ero obbligato, insomma.

Non fu mai facile. Ogni volta avevo quel senso di agitazione; sentivo una forte pressione, e avevo paura di sbagliare o dire qualcosa di assurdo, di errato, di offensivo per qualcuno. Migliorai nel tempo, ma quando pubblicai Nato Così, ecco che quelle vecchie paure tornarono a assillarmi. Mio padre aveva convinto diversi giornalisti a presentarsi, c'erano anche personaggi della televisione, dello sport, amici, familiari.

Ricordo fosse una giornata estiva: era caldo, e io sudai terribilmente! Mi sistemavo la camicia, mi toccavo il viso, i capelli, mi grattavo, spostavo la sedia: ero in panne. E così, che feci? Mi presi 30 secondi di pausa, guardai il pubblico davanti a me, e cercai di capire in che modo mi guardassero. Erano attenti, curiosi, vogliosi di sapere – avevano fame delle mie parole, dunque per cosa dovevo preoccuparmi? Mi scattò qualcosa dentro, in quel momento, e mi buttai. Iniziai a parlare mi diede sicurezza, e alla fine fu un successo.

Rivedendo il video, oggi, mi sento di nuovo in imbarazzo, soprattutto per il mio rossore, e la vergogna con la quale mi stavo per approcciare. Ecco, era l'esempio di tutto ciò che non andava fatto, in una comunicazione: dovevo lasciare quel me nel passato, assieme alla protesi di cui mi ero spogliato. Senza la nuova comunicazione che mi venne spontaneo instaurare, non sarei arrivato a parlare di fronte a 100.000 persone solo pochi mesi più tardi.

Ma andiamo al pratico. Il miglior modo per abbattere quella tensione iniziale è sicuramente sorridere, predisporsi positivamente al confronto, e a quel punto collegarsi a un'esperienza personale che ha suscitato in te emozioni forti, in linea con quelle dell'altro. Pensare a un'esperienza negativa, quando l'interlocutore è triste, può aiutarci a allinearci al suo stato emotivo: e a quel punto, magari, a sollevarlo.

Comunica efficacemente colui che riesce a arrivare attraverso le proprie emozioni, dunque senti il momento, vivi intensamente ciò che provi, e dai accesso al prossimo alle tue emozioni, se vuoi che anche il prossimo si apra interamente con te.

3.3 Come superare gli ostacoli

Esistono due leve motivazionali importantissime che muovono l'essere umano: una spinge gli individui a allontanarsi dal dolore, l'altra punta invece direttamente al piacere. Ti sei mai chiesto cosa ti spinga? Vuoi andar via dal dolore, o vuoi dirigerti verso il piacere?

Il nostro cervello ci porta sistematicamente a fare scelte che minimizzano il dolore percepito, massimizzando il piacere che proviamo in qualsiasi attività. Ma c'è chi è più sensibile a una leva piuttosto che all'altra: capirlo sarà per noi importantissimo, perché ci insegnerà come comunicare col prossimo dopo aver instaurato un primo approccio di apertura.

La mente umana agisce in questo modo: ci sono persone che cercano la gioia, e altre che non vogliono soffrire, magari a causa di esperienze negative. Tutto ciò si concretizza in approcci e atteggiamenti diametralmente opposti che non per questo, però, sono lontani dagli altri. Mio padre e mia madre, ad esempio, guidano molto piano: l'uno lo fa per evitarsi multe (da cui è ossessionato!), l'altra per godersi il panorama. Ragioni opposte generano risultati simili, in questo caso; ma anche nella vendita è lo stesso.

Anche nella vendita, infatti, dobbiamo ricordare che esistono persone che acquistano per bisogno, e altre che lo fanno per piacere. Chi fugge via dal dolore tende a pensare a tutte le possibili difficoltà che incontrerà lungo il percorso, e alle soluzioni necessarie a evitarle. Essi si attivano per eliminare i problemi e i rischi da ogni situazione in cui si trovano: compresa la casa, il lavoro e l'amicizia. Leve pratiche, che possano risolvere problemi possibili, risulteranno con loro più efficaci.

Al contrario, il movimento verso il piacere è motivato da un meccanismo di ricerca del guadagno, espresso in ogni forma, poiché il raggiungimento del benessere idealizzato è più forte di ogni altro stimolo: diventa quasi una nuova realtà in cui vivere.

Queste persone solitamente fanno molta difficoltà a vedere problemi e rischi: non ne sono interessati. Se mancano obiettivi chiari e potenzialmente raggiungibili, si sentono demotivati. Leve ideali, sogni e possibilità risulteranno con loro più efficaci.

Esercizio:

Prova a instaurare un discorso di qualsiasi con un familiare, un parente o un amico, riconoscendo le leve decisionali per cui agisce. Utilizza a quel punto le loro leve per renderti conto di quanto sia incredibilmente piacevole conversare in uno stato d'animo ottimale facendo un passo verso l'altro, e quindi verso te stesso.

Per riuscire al meglio in questo compito, è necessario un controllo del linguaggio che ti permetta di comunicare chiaramente le tue intenzioni, e di sfruttare le leve dell'altro.

Ricordo che, dopo il primo libro, trascorsi l'estate in un lido marittimo a Ostia, facendo volontariato per la Caritas a degli anziani che passavano lì la giornata non avendo nessun altro con cui stare. Fu un'esperienza incredibile, quella, che mi insegnò moltissimo e che mi diede una miriade di ricordi e di belle storie da raccontare.

Sì perché passai quella settimana per lo più a tenere compagnia agli anziani, conversando piacevolmente con loro sotto l'ombrellone. Le loro erano storie d'amore in tempi guerra, di contestazioni in tempi di pace, di epidemie, boom economici e mondi nuovi che si spalancavano ai miei occhi, brillando nei loro.

È molto difficile entrare in relazione con le persone se non si entra con loro in empatia, e non ci si adatta alle loro leve, almeno per comprendere cosa li smuova. Grazie a quell'esperienza feci molta pratica nell'ascolto, nell'empatia, e soprattutto nell'adattarmi al prossimo.

Se dovevo coinvolgere i signori, non mi comportavo sempre allo stesso modo, non avevo un canovaccio da seguire. Cercavo di scavare dentro di loro e intuirne la leva: non tutti riuscivano a convincere i vecchietti a partecipare al gioco aperitivo. Io ci riuscivo sempre, invece. Era merito del mirroring.

Le persone vivono grandi problemi causati del loro linguaggio, che spesso è frettoloso e egoista. Parleremmo forse a un bambino come parliamo a un uomo adulto? Non credo. Lo stesso vale per le leve da utilizzare: a che pro evidenziare soluzioni di problemi a chi non ne vede? E perché andare diretti alla conclusione con qualcuno che, in realtà, si è fermato già da un po', e vuole solo capire se riuscirà ad andare avanti?

Camminare assieme agli altri significa spesso camminare al loro passo, per far sì che loro possano presto camminare al tuo. Prima di farlo, però, cerchiamo di capire come spingere gli altri a seguirci – come fare, dunque, a stimolare negli altri determinate decisioni. Ma cosa spinge gli altri a prendere determinate decisioni? Cosa spinge te a fare lo stesso?

Ogni giorno prendiamo centinaia di decisioni, la maggior parte in automatico, senza nemmeno rendercene conto. Ciascuna di queste decisioni ha conseguenze ben precise, che si ripercuotono nel tempo. La giusta comunicazione, facendo leva su meccanismi precisi, può stimolare determinate decisioni.

Ci sono persone che amano sentirsi in pieno controllo delle proprie azioni, e altre che tendono a assecondare i suggerimenti altrui. Potremmo quasi suddividere gli altri in due ulteriori categorie. Ci sono i Decido Io, ovvero coloro che tendono a non prendere in considerazione gli input delle altre persone, rifiutando critiche, o imposizioni, magari per estrema sicurezza o magari proprio per insicurezza – sono sicuro te ne saranno capitate almeno un paio, di persone così; in genere si esprimono dicendo frasi come: "secondo me è più giusto questo", "credo sia meglio questo".

Nel mondo del lavoro. E ci sono poi i Decidi Tu, che ricercano spassionatamente l'aiuto, il pensiero e l'opinione di altre persone, poiché reputano fondamentale l'integrazione di dati per scegliere in maniera giusta. Questa predisposizione è una modalità relazionale molto aperta al lavoro in team per esempio, al gioco di squadra, e è un elemento fondamentale per il sistema moderno di lavoro. In che modo possiamo relazionarci e ottenere il massimo con queste due condizioni comunicative?

Non può esserci ovviamente una risposta univoca. Nella mia esperienza, ho constatato spesso come i Decido Io siano molto più inclini a adulazioni e complimenti. Utilizzare intercalari quali "come tu ben sai", "chi meglio di te", "non avrei saputo farlo meglio" generano in loro una forma di apertura. A quel punto, è importante mostrare loro che sono sempre in potere della situazione, e in totale controllo. Sono loro a decidere la strada.

Con i Decidi Tu invece è tutta un'altra storia. Per loro, il parere degli altri è molto importante, e rimarcarlo può favorirti nella comunicazione. Frasi come: "lo hanno apprezzato tutti", "sei famoso per questo", o qualunque leva legata all'aiuto o al giudizio esterno risultano con loro di grande utilità. Qualsiasi tipo di feedback è preso da loro in grane considerazione.

Utilizza questi strumenti con grande attenzione però. Non voglio insegnarti a raggirare gli altri: se entrerai con loro in empatia, come ti ho suggerito all'inizio, non correrai questo rischio. Ogni forma di comunicazione che voglio insegnarti dovrà essere funzionale a instaurare relazioni positive e costruttive. Per capirlo meglio, capiamo finalmente come comunicare attraverso il mirroring.

3.4 Viaggiare alla stessa andatura

Quante volte ti è successo di non riuscire a entrare in contatto comunicativo con una persona? A me moltissime volte, e la maggior parte mi veniva da dare la colpa agli altri. Ogni relazione, come avrai visto, è un insieme di pensieri, parole e gesti che assumono forma solo nel momento in cui qualcuno le comprende, e comprendendole, instaura un contatto attraverso nuovi pensieri, parole e gesti che vi si legano.

Il mirroring è, a mio avviso, lo strumento più utile per dare seguito immediato alle azioni degli altri. Non a caso, esso viene utilizzato dagli esperti di vendita e di comunicazione, ma ancor più spesso, viene attuato in maniera naturale in ogni relazione di coppia dove esiste grande intesa, o anche semplicemente tra persone che hanno un buon grado di affiatamento.

La gestualità, la postura, l'andatura, le espressioni facciali: quando questi dettagli sembrano fondersi e plasmarsi l'uno con l'altro, allora significa che c'è un grande rapporto di fiducia e di accordo reciproco. Che dunque l'empatia si è instaurata, e non solo unidirezionalmente. Questo ritengo sia l'obiettivo finale di ogni relazione: garantirsi un grado tale di affiatamento da agire non più come due persone distinte, ma come una. Viaggiare alla stessa andatura.

Non ci credi? Eppure attui ogni giorno questa abilità. Pensa al tono che utilizzi con un bambino di pochi mesi: solitamente non parli con quella vocina bambinesca, trovandoti magari anche ridicolo nel farlo – adotti uno schema prestabilito che va in linea con i tuoi parametri: hai un messaggio da reperire, e lo comunichi. Fine.

Eppure nel momento in cui ti trovi davanti a un bambino, non parli meccanicamente; assumi, in maniera spontanea, un tono stridulo, senza sapere il perché. Il perché si nasconde nel tuo cervello, che per attirare l'attenzione del bambino, comunica in modo da stimolarlo. E perché allora non facciamo così con tutti?

L'errore in cui spesso incappiamo durante un dialogo è porre l'attenzione sul modo che riteniamo NOI più allettante da sentire. E se il prossimo non fa lo stesso, ci irrigidiamo, e alziamo muri. Per evitare che questa succeda, e per far sì che tu riesca a sentirti a tuo agio nella conversazione pur adattandoti al prossimo, devi imparare a comunicare in modo efficace. Ti dirò come.

Diventare uno specchio dell'altro, riflettendone la posizione corporea (ad es. le gambe accavallate durante un discorso, le dita delle mani intrecciate tra loro, imitare il tono di voce e il ritmo della respirazione), verrà percepito dall'inconscio della persona con la quale parli come empatia, somiglianza, affinità. Rispecchiare non vuol dire scimmiottare, bensì costruire una sintonia tale da sentirsi a casa, al sicuro.

Siamo costruiti in questo modo: avviciniamo i simili, e allontaniamo, per paura, i diversi. O perlomeno chi consideriamo tale. La chiave è in questo: riuscire a mettersi, con le capacità e gli strumenti giusti, in un grado di analisi più alto, in modo tale da comprendere intenzioni, leve e pratiche decisionali dell'altro.

Questa tecnica ha il vantaggio di creare rapporti senza necessariamente conoscere la storia dell'individuo né condividerla. Si fonda sulla similarità! Da dove iniziare? Ecco alcuni spunti:

1.   Segui il loro tempo e il tono. In genere ognuno di noi è consapevole del proprio tono e del proprio ritmo, ma è raro che presti attenzione a quello dell'interlocutore. In tali elementi però si nascondono messaggi non-verbali molto importanti, dietro i quali si cela lo stato psicofisico della persona. Adattarsi al ritmo altrui è un po' quindi come adattarsi al suo passo; come se non gli mettessimo fretta, o non lo rallentassimo. Ciò può garantire l'istaurarsi di un rapporto più rapidamente.

2.   Ascolta il loro respiro. Il respiro è qualcosa che percepiamo, in genere, solo a livello inconscio. Ponendo attenzione sulla frequenza con la quale si muovono pancia e petto però, e sul movimento delle spalle che si alzano e scendono, possiamo capire se la persona si senta a suo agio con noi oppure no, se sia preoccupato o rilassato, e così via. Imparando a prestare attenzione a come gli altri comunicano, ti insegnerà a dare persino più valore alle loro parole.

3.   Segui il loro movimento. Rispecchiare i movimenti è un'attività molto più complessa rispetto alle precedenti, che dobbiamo praticare con attenzione, se non vogliamo passare per dei

mimi. Prima di tutto, bisogna identificare un movimento particolare che l'altra persona sta compiendo: se per esempio si sfrega il naso con insistenza, può essere per stress. Ogni volta che lo fa, allora, prova a eseguire un movimento corrispondente e ritmicamente parallelo, con leggerezza e disinvoltura, senza essere plateale, per rassicurarlo. Il mirroring non è emulazione: il ripetere o il copiare dev'essere fluido, perché l'obiettivo è eliminare il più possibile le differenze, e avvicinarsi a chi hai davanti, costruendo quella sensazione di vicinanza e benessere.

3.5 Parole da non usare

Ovviamente, non esistono errori nella comunicazione. Ciò che comunichi può arrivare o non arrivare, come ciò che comunichi erroneamente può fare lo stesso. Il tuo messaggio dev'essere sempre proiettato verso chi hai davanti.

L'elemento principale di ogni discorso, in ogni circostanza, è in questa capacità. Ho assistito a moltissimi speech di persone che non si curavano minimamente di chi avevano di fronte, ritrovandosi poi a vivere quelle situazioni imbarazzanti in cui per ore si parla si parla e si parla senza essere ascoltati dalla platea annoiata.

Al fine di vivere al meglio le nostre relazioni, dobbiamo però tenere a mente che possano esistere parole definite contrastanti, e altre definite fluidificanti. L'utilizzo delle prime a discapito delle seconde non è di per sé un errore: comunica infatti qualcosa, da parte tua. Per instaurare un rapporto di empatia, tuttavia, devi chiederti se quel qualcosa che comunichi sia o non sia costruttivo.

Quali parole sarebbe meglio evitare? Sicuramente tutte le avversative (ma, però, tuttavia…) e le negazioni, ma anche le parole legate al dovere, o che pongono noi, o gli altri, su un piedistallo ("ti spiego meglio").

Quali sono invece le parole da utilizzare? Tutte quelle locuzioni positive come "allo stesso tempo", o che rimandano a un lavoro di squadra (insieme, coinvolto; i plurali). Ogni soluzione è ben accetta, così come i suggerimenti, la congiunzione "e" e il verbo "ti capisco". Ti porto qualche esempio pratico.

Davanti a un cliente, a un amico potremmo trovarci a dire: "Il tuo ragionamento mi sembra valido, MA non mi trovo d'accordo." Questa frase genera chiusura, perché fa prevalere un contrasto.

Piuttosto, sarebbe più profittevole dire: "Il tuo ragionamento mi sembra valido, E penso che…", introducendo in questo modo un ragionamento che esprima la nostra opinione.

A noi stessi o al prossimo, potremmo anche trovarci a dire: "Ti spiego meglio"; ma questa affermazione, come molte altre, innalza muri invece di scavare nuove strade di confronto. Iniziare una frase con "No, ma lo capisco…", con due contrasti iniziali, darà come unico riferimento al tuo interlocutore la nitida sensazione di distacco che gli hai dato. Perciò, presta grane attenzione e ricorda: ogni dettaglio della tua comunicazione fa la differenza, e saranno proprio quei dettagli a farti entrare davvero in empatia con le persone, e quindi, a costruire delle solide relazioni di qualità, ovunque tu sarai.

2.6 Extra: inizio vincente

Ciò che ti ho fornito è uno schema di gran valore, che ti sarà utile in ogni circostanza. Tienilo sempre con te e, soprattutto, inizia a metterlo in pratica quotidianamente.

Per facilitarti, voglio fornirti altri elementi: uno schema pratico che spero tu possa trovare chiaro, ed esaustivo. Soprattutto per quanto riguarda i discorsi in pubblico. Ricorda, la strada da fare è lunga, e voglio che tu la percorra con qualcuno che ti faccia stare bene. Iniziamo da campioni.

1.	Inizio vincente. In ogni tipo di comunicazione il modo in cui si inizia a parlare, e quello che si dice all'inizio, è fondamentale. Nell'esatto istante in cui aprirai bocca avrai l'attenzione totale del tuo interlocutore – ma solo per pochi secondi. In quel momento devi trovare il modo per catturarla più a lungo. Costruisci una dinamica interattiva, coinvolgi il tuo interlocutore o il pubblico. Fai una domanda, oppure inizia con una battuta (sempre sorridendo, ricorda!), o improvvisa un colpo di scena che stimoli maggiore attenzione.

2.	Preparazione. Sviluppare una sorta di scaletta, con punti chiave da comunicare, è fondamentale per acquisire più sicurezza nel tuo discorso, qualsiasi esso sia. Non imparare nulla a memoria è controproducente e anche leggere o ripetere a memoria distoglie l'attenzione generale. Non è bello, non è professionale! Non è, soprattutto, spontaneo. Dai una logica al tuo discorso e preparati accuratamente. Ovviamente, sii te stesso. L'errore più grande che si possa fare durante uno speech è cercare di andare a imitare altri modelli. Prendi spunto, ma mantieni la tua integrità.

3. Specificità. Non generalizzare e non divagare più di tanto dal tema che vuoi trattare. Resta sempre focalizzato su ciò che vuoi trasmettere, e chiediti continuamente: "come posso farlo capire?". Resta lucido mentre parli: non importa se ti prendi pause, è fondamentale che tu sia coerente con le tue parole e i tuoi comportamenti.

4. Critiche. Evita di esprimere giudizi, critiche o pensieri personali che non hanno una finalità col messaggio che vuoi esprimere o che, peggio ancora, vi sono in contrasto. Ottimizza le tue proposte, cerca sempre di pensare positivo. Anticipa la soluzione se vuoi ottenere un risultato migliore.

5. Pause e tono. La modulazione del linguaggio è determinante; definisce l'importanza di ciò che dici. Ci sono persone talmente brave a gestire questo aspetto da permettersi il

lusso di parlare del nulla e tenerti lì immobile a ascoltare. Perciò mentre parli, pensa sempre a quali sono le parole o i momenti clou in cui fermarti o cambiare tono; in cui marcare la voce o in cui farla tremare. Come gli attori su un palcoscenico, devi esprimere anche tu delle emozioni: devi raccontare anche tu una storia.

6.   Umorismo. Durante i miei interventi solitamente mi presento così: "Ciao a tutti, mi chiamo Arturo e sono ragazzo in gamba!". Questo prendermi gioco di me stesso ovviamente spiazza tutti: rompe il ghiaccio su un argomento delicato, su cui provano imbarazzo. Il modo in cui scherziamo su noi stessi o sull'argomento che stiamo trattando rende il discorso meno pesante, più leggero e fluido. Puoi giocarci su, e devi essere tu il primo a essere divertito dalle tue parole!

7.   Presenza. Il contatto visivo, il movimento coerente delle tue mani, l'attenzione a chi hai davanti definisce la tua presenza in un discorso tanto quanto le tue parole, se non a volte di più! Ricordati che davanti a te hai un pubblico esigente, che vuole ricevere, e soprattutto che non si adatterà al tuo linguaggio. Una presenza

autorevole, con una postura rassicurante e vigorosa, fornisce alle parole uno spessore maggiore. Fateci caso.

8.   Domande. Il modo in cui facciamo domande indirizza le risposte che riceveremo. Fare domande però è un'arte, che rende accessibile il confronto e la confidenza. Ogni domanda che facciamo ha un potenziale di risposta che scegliamo noi. Puoi domandare: "Ti piace questo prodotto?" e avere come risposta un sì, un no, o un forse. Oppure puoi domandare: "cos'è che più ti ha colpito di questo prodotto?", obbligando le persone a cercare qualcosa di positivo a riguardo. Sfrutta le domande per interagire, e ricordati sempre che il fare domande utili è uno strumento potentissimo per coinvolgere chi hai davanti.

9.   Attivazione. Prima di ogni evento o speech mi dedico un po' di movimento: magari faccio stretching, o saltello sul posto. Attivare il nostro fisico aiuta a attivare anche i processi mentali, rendendoli più fluidi. In questo modo, ti assicuro che scaricherai un po' di adrenalina e sarai più rilassato. Trasforma la tua tensione in energia: trasforma l'ansia nel carisma che ti serve per fare un discorso accalorato.

10.   Finale memorabile. Come l'inizio, anche il finale deve lasciare di stucco: deve imprimersi nella memoria dell'ascoltatore. Non essere scontato; condividi un valore nel tuo messaggio. Le tue ultime parole saranno il feedback dell'intero discorso: forse molti ricorderanno prevalentemente quelle.

RIEPILOGO DEL CAPITOLO 3:

- SEGRETO n. 1: come sulla realtà, la tua comunicazione ha un potere anche sugli altri. Evitare fraintendimenti è cruciale per saper stare bene con le persone.

- SEGRETO n. 2: sorridere genera risultati concreti nel rapporto con gli altri. Comunica efficacemente solo colui che riesce a arrivare attraverso le proprie emozioni.

- SEGRETO n. 3: comunicando le tue intenzioni e le tue emozioni, tieni conto delle leve che muovono le decisioni degli altri.

- SEGRETO n. 4: il mirroring è metodo efficace per entrare in empatia con gli altri. Lo scopo non è imitare movimenti, ma comprenderne le ragioni, così da intuire leve e intenzioni.

- SEGRETO n. 5: una giusta conversazione con gli altri si basa anche su messaggi da non comunicare.

- SEGRETO n. 6: per parlare in pubblico, è importante aprire e chiudere col botto, riuscendo sempre a essere preparati, specifici, imparziali, emozionali, autoironici, presenti, coinvolgenti, e ben attivi.

Passo 4:

Come gestire le emozioni e renderle positive

4.1 Gestire le emozioni

Arrivai, tra uno sforzo e l'altro, a terminare una piccola maratona. Era qualcosa che da ragazzo non mi sarei mai sognato di fare: più che altro per vergogna. Con le stampelle invece, riuscii a percorrere una bella strada. Ne avevo percorsa già molta, in me stesso, trovando il coraggio di spogliarmi di quelle protesi fisiche e mentali che mi bloccavano, e ne avevo percorsa molta in compagnia, trovando amici saldi, che fossero per me non solo un sostegno, ma uno stimolo costante a migliorarmi.

È strano pensarci adesso ma, ci avevo messo una vita per fare il primo passo, e dopo poco già correvo. Credo sia poi la metafora perfetta dell'uomo, e anche della storia. Come me, anche la storia aveva subito una brusca accelerata, una volta appresi specifici principi: c'era voluto meno per l'uomo a arrivare alla luna, dopo aver scoperto il motore, di quanto ne avesse impiegato per scoprire il motore dopo aver inventato la ruota.

I principi importanti della vita, quelli fondamentali, sono questo: una spinta propulsiva che catalizza energie fisiche e mentali in un atto, che altrimenti avrebbe richiesto molto più tempo. Spero che questo libro possa esserti dello stesso aiuto, ma ricorda: una volta preso il ritmo, non ti potrai fermare.

Non intendo dire che non potrai più riposarti: no, non diciamo sciocchezze. Parlo, piuttosto, di come fare, una volta compreso come relazionarsi con se stessi e con gli altri, a non interrompere di botto quelle relazioni, magari per pigrizia, stanchezza, egoismo.

Siamo lo specchio delle nostre emozioni. Ciò che genera le nostre emozioni è un processo multifunzionale di informazioni assimilate automaticamente e razionalmente, che dà poi vita a azioni, espressioni, comportamenti e relazioni. Come tutte le persone che ci hanno influenzato e gli eventi che ci hanno toccato, anche le nostre emozioni collaborano a definire chi siamo. E se siamo spaventati, ci relazioneremo con paura con gli altri e col prossimo, mentre se saremo delusi agiremo col mondo in maniera delusa.

Tendenzialmente, siamo capaci di identificare in noi stessi solo un determinato numero di emozioni, che ricolleghiamo a momenti specifici mediante una memoria emotiva. Nessun'emozione però si ripete mai allo stesso modo: non si è mai tristi allo stesso modo, e non si è dunque mai davvero pronti a una nuova emozione.

Partendo da questo presupposto, ti renderai conto che è fondamentale comprendere l'essenza di ciò che provi, non dando nulla per scontato. Per mantenere stabile ogni tua relazione, sarà fondamentale: non vuoi certo trovarti in balia dei nostri stati – vuoi vivere intensamente le tue emozioni e condividerle con gli altri, semmai. Senza subirle. Senza farle subire.

Le associazioni stimolo-risposta sono naturali e funzionali, ma a volte bisogna prestare loro particolare attenzione. Se infatti da bambino correre mi metteva in imbarazzo, perché collegavo quell'azione all'emozione che provavo di fronte al giudizio esterno, a causa di quel trauma avrei forse potuto smettere per sempre di correre. Chiamiamo questi eventi traumi; momenti in cui si crea un meccanismo di stimolo-risposta automatico che andrà avanti per sempre finché non si riuscirà a mettere in atto nuovi processi.

La stessa cosa avviene per le emozioni e i nostri comportamenti: associamo spesso stati d'animo a situazioni già classificate a cui abbiamo accesso costante, ma che in realtà sono totalmente nuove. Come liberarci da questo circolo? Sembrerebbe quasi che, camminando verso la meta, continue svolte ci facciano tornare indietro ancora, e ancora, e ancora, senza farci progredire.

Questo rischio esiste. Per evitarlo, dobbiamo chiederci come fare a trasformare uno stato emozionale negativo in uno positivo. Che è come trasformare la stanchezza di una maratona, sul finire, in carica e vigore per arrivare al traguardo. Partendo dall'esperienza, ci potremo riuscire.

La base del nostro benessere risiede proprio nella gestione delle nostre emozioni, legate a stati di ansia e di forte stress, ma anche a piaceri e appagamenti.

Per riuscirci, dobbiamo iniziare col dare importanza alle necessità, e dare un nome a ciò che proviamo senza vergogna. Eschilo scrisse che il solo modo per trasformare le Erinni (personificazioni della vendetta) in Eumenidi (personificazioni della benevolenza) fosse accogliere quelle figure terrificanti all'interno della città, e dare loro culto, senza più rifiutarle. Solo in quel modo, riconoscendole per ciò che sono, avrebbero cambiato natura – o, meglio, avrebbero rivelato la loro vera benevolenza.

Allo stesso modo, anche nella cultura Cristiana l'uomo può esercitare un potere sui demoni pronunciando il loro nome: un'immagine meravigliosa che mostra come, per sconfiggere i propri mali, li si debba conoscere e indicare. Proviamo a canalizzare le nostre emozioni in maniera funzionale.

Nella vita ti sarà capitato di provare rabbia, disagio, tristezza, e allo stesso tempo di reprimere quelle emozioni, restando in silenzio, non facendolo notare, sorridendo ingannevolmente: somatizzando, ma non vivendo. Questi processi portano ai più comuni mal di testa, ai mal di stomaco, ai dolori muscolari, nausee sporadiche e così via.

Quel reprimere è forse una via di fuga dalle emozioni. Ma dunque, anche da quello che siamo. Le dipendenze più gravi nascono da qui. Piuttosto che disperdere o reprimere le nostre energie, dovremmo canalizzarle. Lo meritano.

Quando sei triste, le tue energie calano, e tutto perde d'importanza, anche se in realtà quella è solo la tua percezione, che potresti modificare costruendo azioni ancore che stimolino il corpo a reagire: correre, ascoltare musica, scrivere e trascrivere le emozioni, attribuendo loro un nuovo significato.

Quando sei arrabbiato, sei carico e potente, e hai la sensazione che potresti distruggere qualsiasi cosa: non è a ogni costo un male, può essere un'enorme opportunità, se trasformata in grinta e agonismo. Tutte le emozioni negative conducono alla distruzione, mentre una mente forte crea, attraverso quella spinta.

4.2 Gestire ciò che siamo

Una mente forte è fonte di una coscienza in pace con se stessa. Non potrai mai essere in pace con le tue percezioni se vivi dentro una guerra che nemmeno sai riconoscere. Per mettere fine ai tuoi scontri, ti consiglio di ritagliare dei momenti per te.

Non ti sto dicendo di isolarti da tutti come risposta, né di fuggire, ma solo di trovare un momento per guardarti dentro e capire cosa stia accadendo dentro di te. Come già abbiamo fatto all'inizio, anche qui, in questo punto del tuo viaggio, ti invito a creare dentro di te consapevolezza. Dopotutto, siamo un continuo cambiamento, e una singola verità non basterà mai a descriverci. Respira, e prova a riflettere su questi spunti:

1. Tu sei. Non entrare in conflitto con questo.
2. Abbi rispetto per quello che sei, perché sei e non puoi entrare in conflitto con questo.
3. Accetta le tue emozioni, perché sono quello che sei, e tu sei, e non puoi entrare in conflitto con questo.
4. Riconosci che anche gli altri sono, abbi rispetto per loro e accetta le loro emozioni, perché non puoi entrare in conflitto con questo.

Una volta accettate queste considerazioni, potremo iniziare a capire meglio come trasformare le emozioni che prima consideravamo negative – ma che in realtà erano negative solo perché vi avevamo ancorato gesti e atteggiamenti negativi, poiché improduttivi – in reazioni positive. Ci basterà un semplice esercizio.

Come abbiamo già visto, la mente umana è capace di collegare stimoli a risposte emotive, che chiamiamo ancore. Siamo per la maggior parte delle volte passivi a questo processo, ma possiamo indirizzarlo. Bisogna innanzitutto identificare con chiarezza lo stato emotivo desiderato, per poi passare al ricordo di un avvenimento, o di un periodo passato, in cui abbiamo vissuto quelle sensazioni lì.

Siamo in potere di entrare all'interno di ogni tipo di emozione e viverla, e riviverla ancora: basta attivare tutti e 5 i nostri sensi. A quel punto, per raggiungere lo stato desiderato, basterà solo attivare un trigger, un innesco: esso può essere un gesto, una postura. Ti sei mai chiesto perché ci grattiamo la nuca quando siamo a disagio? Hai presente quando battiamo il piede per scaricare la pressione? O quando battiamo le mani per applaudire?

Tutti questi gesti sono triggers ancorati a specifiche emozioni. La mente ne costruisce in automatico, ma in controllo sulla tua mente, potrai riuscirci anche tu.

4.3 Gestire le paure

È forse la paura l'emozione più difficile da gestire. Immagino sia perché dietro la paura si nascondono i successi che desideriamo, e il pensiero che non possano realizzarsi ci incatena. Paura di decidere. Paura del confronto. Paura di fallire. Paura di non essere amati. Sono queste alcune delle paure più comuni. Tutti provano paura: la paura ha una grande utilità per l'uomo, perché mette in guardia dai pericoli. Essa diventa un problema solo quando i pericoli di cui ci avverte sono nostre creazioni.

Come in presenza di reali pericoli da cui fuggire, reagiamo in quel caso irrigidendo i muscoli, sentendo il cuore a mille, respirando affannosamente – tutti segnali d'allarme che però, nella vita di ogni giorno, avvertiamo come nocivi.

Diciamo a noi stessi: "questa sensazione è insopportabile, non c'è niente che possa fare", e in questo modo lo stress rimane elevato, e incrementa i disagi e le preoccupazioni, come prima di parlare in pubblico! Ansia, tachicardia, balbettio e annebbiamento mentale sono sintomi classici di questa paura.

In che modo possiamo reagire funzionalmente alla paura? Il primo passo è l'organizzazione. Fare chiarezza su ciò che si ha dentro, e costruire gesti per sostenersi. Il miglior modo per essere sicuri e sereni in ogni circostanza (in particolare parlando in pubblico) è essere adeguatamente preparati. Non devi essere in totale controllo sulle cose: quello non avverrà mai; piuttosto, quando fai qualcosa, cerca di esserne sicuro: convincendotene, migliorerai nei risultati.

Tutte le tecniche di rilassamento aiutano. Anche meditare può contribuire a liberare la testa da pensieri negativi, oppure fare attività fisica; scaricare le tensioni. Ti consiglio, mentre svolgi queste attività, di visualizzare il tuo successo. Avere paura è spesso avere paura che una determinata cosa non si verifichi: visualizzando cosa desideri con assoluta fermezza, saprai come arrivare a realizzarla in ogni caso. Non ci sarà più posto per il timore.

Collegata alla paura di parlare in pubblico, c'è la paura del giudizio. Vogliamo essere amati e accettati, lo desideriamo più di ogni altra cosa, per reazione naturale. È causa del nostro percorso evolutivo. Stando in gruppo, si aveva più possibilità di sopravvivere in un ambiente ostile, e in questo contesto, chi era malgiudicato rischiava l'esclusione dal gruppo e dunque una morte precoce.

Questa paura di esporci, di apparire diversi, di non essere accettati, è rimasta marchiato a fuoco nel nostro DNA. Ne abbiamo però ancora bisogno?

C'è poi la paura del cambiamento, che è un po' la paura di essere ambiziosi, perché cambiare è sempre rischiare per il meglio, o almeno avere il terrore che tutto peggiori. La saggezza popolare in questo caso consiglia di essere cauti ma, presa alla lettera, impedisce di adempiere la natura stessa dell'esistenza: il cambiamento.

La nostra zona di comfort è quel luogo, o stato mentale, in cui ci sentiamo al sicuro. Non è negativa di per sé, ma lo diventa quando ci adagiamo e ci attacchiamo con le unghie a essa, pur sapendo che non è sano, e che frenerà la nostra crescita personale e la felicità.

È una forma di controllo dei rischi, ma anche di limitazione delle proprie possibilità. È normale che il cambiamento spaventi. La paura è una parte di noi, ma non dobbiamo sfuggirla: solo capire perché reagiamo negativamente di fronte a essa può stimolarci a reagire positivamente in futuro.

4.4 Gestire le energie

Tutto ciò che ci circonda, a partire dalla cellula più piccola, è fatto di pura energia. L'organismo umano è un complesso di frequenze elettromagnetiche e capirlo può dimostrarsi una risorsa, perché se controlliamo le nostre energie interiori, allora saremo in grado di direzionare determinate forze.

Ovviamente, non parlo di spostare oggetti con la mente: pensate piuttosto alla felicità. Quanto è contagiosa? Un sorriso stimola sempre un sorriso, perché la nostra energia positiva viene trasmessa da quel gesto, e irradia e illumina il mondo.

Accade lo stesso quando generiamo pensieri positivi o negativi, che fanno sì che tutto vi si adatti: se siamo tristi, la giornata andrà sicuramente storta, mentre se siamo positivi e determinati, tutto sembrerà allinearsi alla nostra volontà.

Senza la giusta energia, anche le azioni più semplici diventano un peso, come una macchina senza carburante non si può muovere! Quando sei stanco, spesso, è solo perché le tue energie non riescono a convogliarsi: sia fisicamente, che mentalmente ed emotivamente.

Mi è capitato persino durante quella maratona, quando poco prima del traguardo mi sono ritrovato esausto. Soffrivo il carico di lavoro, come soffro a volte l'accumularsi di eventi, che mi portano a pensare: "sì, sono stato bravo, ma potevo fare di più". Come potevo superare quella stanchezza?

L'universo è interconnesso da una trama di informazioni, e quando queste si convertono in maniera armonica e funzionale, si sviluppano sensazioni di benessere senza eguali – esiste un sistema quantico che interconnette le diverse entità della psiche, del corpo e dell'anima, intesa come campo invisibile creatore che genera energia.

Senza rendercene conto, spesso generiamo quelle che chiamiamo energie negative, che ci portano passivamente a stare male e a provare quei sensi di oppressione, spossatezza e stanchezza che affossano la nostra vita. Ho generato per molto tempo quel tipo di energia, nutrendomi di sentimenti controproducenti, ma non tornerei indietro: farlo mi ha insegnato a riconoscere cosa comportino. Al buio, a quel punto ho acceso la mia luce.

Luce per me è stata la ripetizione di routine positive (e quindi ogni tipo di stimolo che potesse farci crescere costantemente, mantenendomi vivo e attivo), una sana alimentazione e una buona dose di attività sportiva.

È bastato questo a darmi molta più forza, durante il giorno. Anche dormire con regolarità ha aiutato, perché il sonno ha la funzione di ristorare l'organismo – non a caso, quando dormiamo abbiamo una riduzione della temperatura corporea e dell'attività metabolica del 10%. Questo vuol dire che, mentre dormiamo preserviamo energia.

Eppure la società spesso ci porta quasi a essere indifferenti verso queste naturali necessità fisiologiche. Non è semplice riposare come dovremmo, né mangiare correttamente, né trovare stimoli continui. A volte non sentiamo nemmeno l'esigenza di farlo – sta a noi crearne il bisogno. Imponiamocelo. Troviamo del tempo per noi, e per ricaricarci a dovere.

Da diversi anni pratico una tecnica semplice ma efficace. Mi ritaglio del tempo per fare dei piccoli riposini rigeneranti, della durata di 20 minuti, 2 o 3 volte al giorno, utilizzando musica e suoni di cui ora ti parlerò meglio. Tutto è suono, perché il suono, come l'energia, è pura onda. E tutto influenza e viene influenzato dell'energia, che in fondo è suono.

Quando ti senti stanco, i neuroni del tuo cervello si trovano sottoposti a distonie e irregolarità vibratorie nei loro circuiti elettromagnetici. Per riuscire a sincronizzarli su una lunghezza d'onda armonica, prova a utilizzare le onde Alfa, che ci aiutano a concentrarci e a vedere con maggior chiarezza i nostri obiettivi. Esse ci permettono di tranquillizzarci e di far sparire la paura;

inoltre, migliorano la memoria, ci aiutano a perdere peso e a smettere di fumare, rafforzando il sistema immunitario.

Immaginate un fiume, che nel suo fluire incontra anse, sassi, rilievi naturali. Noi siamo come un fiume, e i nostri pensieri e le nostre paure sono a volte ostacoli per la nostra energia. Per lasciare che essa fluisca naturalmente, rendiamo quegli ostacoli una parte del fiume. In fondo, neanche il fiume si blocca mai, abbraccia i suoi ostacoli prima di defluire in mare.

Attraverso le onde alfa, possiamo costruire dentro di noi questa sensazione di fluidità, che ci permetterà di generare energia continua, e rinnovabile.

RIEPILOGO DEL CAPITOLO 4:

- SEGRETO n. 1: per poter mantenere un rapporto stabile con te stesso e con gli altri, dovrai necessariamente imparare a non subire le tue emozioni. Tutte le emozioni negative conducono alla distruzione, mentre una mente forte crea, attraverso quella spinta.

- SEGRETO n. 2: anche le emozioni negative possono produrre spinte positive, se trasformate adeguatamente.

- SEGRETO n. 3: la paura è l'emozione più complessa da gestire. Essa assume molte forme, ma capendo perché vi reagiamo negativamente può stimolarci a reagire positivamente in futuro.

- SEGRETO n. 4: solo nel pieno delle tue energie potrai operare il cambiamento che cerchi. Meditazione e altre tecniche aiutano a gestirne l'equilibrio.

Passo 5:

Come pianificare con successo i propri obiettivi

5.1 Definire il tempo

Inseguire il tempo è forse l'unica attività che non ci stancherà mai. Non c'è soluzione a questa condizione: è una costante umana. Come società occidentale veniamo educati sin da bambini a rincorrere il tempo, quando in realtà tutto ciò che vorremmo da esso è anticiparlo.

Ecco, nella mitologia greca ho trovato tempo fa un'interessante spiegazione al perché l'uomo moderno sia ossessionato dal tempo. Sembra quasi che il percorso che stiamo facendo, per alcuni, valga la pena d'essere percorso solo nel minor tempo possibile: come se una foresta avesse una scadenza, per crescere forte!

I greci, che volevano sempre scendere in profondità nelle cose e non si accontentavano mai come facciamo invece noi oggi, di parole vaghe e onnicomprensive non sapevano che farsene, e parlando del tempo, usavano quattro termini differenti ma complementari: ci concentreremo solo sulle prime due, ovvero Kronos, e Kairos.

Come divinità, Kronos e Kairos erano molto diverse per loro, così come lo era il loro culto. Kronos andava a definire la natura quantitativa del tempo e il suo scorrere in maniera immutabile e fedele, come fanno le lancette o la sabbia che scorre nella clessidra. Kairos, invece, è più complesso da abbracciare per noi: vi siamo meno abituati. Vi si intendeva la natura qualitativa e quindi soggettiva del tempo, ma anche molto di più. Essa era il tempo giusto, ben speso.

Soffermiamoci su questo. Ci sono momenti di intensità superiore. Li riconosciamo, quando li incontriamo: non importa se per il dolore o per la felicità, essi sembrano durare ben oltre il loro essere scanditi dal metronomo. Sono piccole eternità che durano un istante.

Il momento in cui i miei genitori dovettero scegliere per la mia vita, a detta loro, fu uno di quei momenti, e anch'io ne ho vissuto alcuni:

quando ci sei dentro, sembra che vuoi non ci sia più nulla. Percepiamo quel tempo in maniera differente: non è più Kronos, ma Kairos, perché in essi troviamo la nostra posizione nel cosmo – diventano essi stessi un cosmo intero.

Ebbene, la nostra è una società in cui Kronos regna sovrano, divorando le persone come il Titano usava divorare i suoi figli. In esso, non abbiamo posizione, non abbiamo un vero ruolo: il suo scorrere ci guarderà quasi indifferenti. Passerà, e ci avrà dimenticati. A che scopo inseguire un tempo del genere?

Piuttosto, il nostro scopo dovrebbe essere trovare un tempo giusto, in cui sentirci giusti e quindi vivere interamente. Vediamo come fare.

5.2 Inseguire il tempo giusto

O forse dovrei dire anticipare il tempo giusto? La mia vita è stata tutto un imprevisto, anche se ben accolto. Dovevo sviluppare nel corso della gravidanza malformazioni, dovevo superare certi dolori. Né io né i miei genitori saremmo mai stati in grado di sopportarlo, se non fossimo stati preparati. Sapendo quale doveva essere il nostro scopo, non ci siamo mai sentiti travolti dal tempo: ci stava solo venendo in contro.

C'è un solo modo per riuscirci: dobbiamo definire con chiarezza il nostro percorso, e poi visualizzare il nostro arrivo. Sarà quello il punto giusto, e vi giungeremo nel momento giusto, non dubitarne. Non possiamo però fuggire da Kronos: egli ci distoglierà o ci metterà pressione, spingendoci verso la meta.

Per ottimizzare il percorso, prova a costruire un'agenda. Se il tempo ha più sfaccettature, non ha senso abbracciarne una a discapito dell'altra. Scrivi i tuoi impegni, definisci le tue cose da fare, crea ordine in Kronos per giungere a Kairos senza impedimenti.

La quotidiana è piena di imprevisti: essere pronti a fronteggiare le emergenze e giocare d'anticipo è la prerogativa del successo in ogni ambito. Dobbiamo essere capaci di identificare obiettivi e priorità. Inizia col domandarti: "come posso risparmiare raggiungere i miei obiettivi nella maniera più fluida?".

L'analisi delle tue attività e dei processi che svolgi è il primo passo per essere ben organizzati: ma ricorda, tienine traccia per valutarne il giusto impiego. Un tempo ben speso è un tempo che si prolunga: se tutto sembra sfuggirti di mano, non stai anticipando gli eventi, ma li stai rincorrendo, e questo può non andare bene.

Per evitarlo, trova un equilibrio tra tempo oggettivo e tempo soggettivo. Trovo importante che tu riesca a essere produttivo ma anche felice: né l'una né l'altra cosa sarà possibile senza il suo opposto. Un giusto equilibri tra obblighi e bisogni è la chiave per un tempo vissuto appieno.

Ti metto a disposizione sei suggerimenti per iniziare a agire con chiarezza rispetto al tuo tempo. In poco, sono sciuro che sentirai grandi benefici.

1. Organizza i tuoi impegni con flessibilità, e non sovraccaricare la tua agenda. Prendi nota ogni giorno di ciò che è più importante, scrivi le priorità e mantieni all'interno della tua programmazione spazi liberi, ricordandoti che gli imprevisti capitano, e richiedono tempo e energie;

2.   Ordina i tuoi pensieri. L'abitudine di scrivere e tenere nota di quello che ci viene in mente, compresi sogni e impegni, è fondamentale. Se tutto sarà in ordine, e se saprai dove si trovano le cose, ti sentirai meglio e sicuramente guadagnerai in efficienza. L'organizzazione riduce anche lo stress;

3.   Non vergognarti di delegare. Nella vita, come nel lavoro, spesso abbiamo paura che nessuno sia in grado di fare ciò che noi vorremmo. Delegare significa anche educare gli altri però, e più saprai circondarti di persone in grado di lavorare al tuo fianco, più ti sentirai prossimo al risultato. Delegare è fondamentale per creare rapporto, e soprattutto per distribuire le nostre forze in maniera più produttiva.

4.   Prenditi pause. Bisogna essere in grado di staccare dalla routine e dagli schemi che ci guidano. La nostra mente ha bisogno di viaggiare, di spaziare liberamente, poiché solo in quel modo può riuscire a ridimensionare la realtà che subisce, aumentando la produttività.

5.	Non procrastinare. Questo deve essere il tuo nuovo comandamento. Rimandare significa declassificare e far perdere il valore di un determinato impegno o obiettivo. Essa è un'abitudine distruttiva: piuttosto, definisci un tempo per lavorare a un certo progetto e dedicagli tutta l'attenzione che richiede. Solo dopo potrai tornare a fare altro.

6.	Trova il coraggio di dire di no. Molte persone fanno difficoltà a dire no. La famiglia, il lavoro e le relazioni spesso sono un banco di prova per noi, dove veniamo sottoposti a continue richieste e aspettative. Abbiamo l'obbligo verso noi stessi di prendere coscienza che scegliere non è un atto di egoismo, bensì un comportamento funzionale al nostro benessere. Ti assicuro che ne gioverai, più di quanto ne gioveranno gli altri lavorando stanco o distratto per loro.

5.3 Sogni e obiettivi

I sogni che abbiamo dentro non si realizzano per caso. Io da piccolo ad esempio sognavo di giocare a calcio e di diventare un professionista, e mio padre per aiutarmi a farlo allestii sul terrazzo un vero e proprio campo di calcio, con porte di medie dimensioni, e palloni a ogni angolo.

In quello stadio di casa mi sentivo un calciatore vero. Giocavo anche sotto il diluvio, non m'importava! Volevo solo divertirmi. Volevo solo sentirmi in quel modo. E mentre ero lì, ci credevo davvero.

Solo che poi rientravo a casa e puntualmente avevo ferite ovunque, a causa del busto che portavo. Non mi permetteva di camminare, né di stare seduto. Spinto dalla mia fantasia, me ne ero totalmente dimenticato: e allora smettevo di essere un calciatore e tornavo disabile.

Ancora non sapevo cosa volesse dire la parola sacrificio, né tantomeno come si visualizzasse un obiettivo – mio padre invece sì, così, quando mi abbattevo, usava spronarmi, con l'intenzione di fare uscire il mio carattere. Anche se stanco per il lavoro, restava ore a allenarmi fisicamente e mentalmente, così che potessi sentirmi professionista anche quando rientravo in casa.

Mi disse che se avevo il sogno di fare il calciatore, dovevo pormi l'obiettivo di giocare a calcio. Io non capii: mi sembrava la stessa cosa, avere un sogno e porsi un obiettivo. Non era però davvero così.

Non sarei mai arrivato a giocare un mondiale se non mi fossi posto l'obiettivo di riuscirci, e se non fosse stato per mio padre e per quegli allenamenti. Come sogno, quella di fare il calciatore sarebbe presto degenerata come una fantasia infantile: l'obiettivo di calcare i campi degli stadi, invece, aveva una sua concretezza. Cosa mi serviva, dopotutto? Un po' di sudore? Ne valeva la pena. Qualche ferita? Per il tempo in cui sarei riuscito, si sarebbero già rimarginate.

Oggi sono fermamente convinto che ognuno di noi possegga il potenziale per riuscire nei propri sogni: esso nasce dal limite stesso, dal quale tutti ci allontanano. La chiave del successo sta proprio in questo: nel fallimento, e nella ripetizione costante di quel fallimento sino a che, una volta assimilato, esso non si risolve nel raggiungimento di un obiettivo.

"Successo", dopotutto, non significa nient'altro che far succedere, ma perché questo accada, i nostri sogni devono trasformarsi in obiettivi concreti e tangibili a cui dare una forma, e per cui operare dei sacrifici. Come immagini la vita dei tuoi sogni? Come ti vedi nel raggiungimento del tuo obiettivo?

Partiamo dalla nostra capacità di immaginare un obiettivo, e dunque di visualizzarlo. Questa dote è cruciale, e se non l'hai ancora, non preoccuparti: ci lavoreremo.

Conosco molte persone con grandi sogni che, appena iniziano un lavoro con entusiasmo, dopo poche settimane puntualmente si ritrovano al punto di partenza. È capitato anche a me! A 19 anni, quando scrissi il mio primo libro, mi dissi che lo avrei finito in un mese, e che avrei poi spopolato. Non andò proprio così.

L'entusiasmo è proprio dei sogni ma la programmazione è la condizione necessaria per realizzare gli obiettivi. Spesso agiamo d'istinto, spinti dall'entusiasmo e dalla voglia di fare: questo è giusto, ma una volta esaurito lo slancio, qualcosa deve prendere il suo posto – un lavoro ben organizzato. Un lavoro che non ci porti a accontentarci.

Siamo molto bravi a creare scuse per sentirci meno incapaci: la verità è che nessuno di noi lo è veramente – non siamo incapaci neanche quando falliamo: semplicemente, non eravamo ancora ben organizzati. Tutto qui! L'assenza di flessibilità e di pazienza, indotta quasi sempre da paure e insicurezze, porta come conseguenza la mancata crescita: l'incapacità di fare die fallimenti nuove opportunità di successo. Da grandi fatiche, allora, non otteniamo niente.

Eppure l'unico modo per avere buoni risultati è attuare nuovi comportamenti e strategie adatte a ciò che abbiamo imparato. Non ha senso inseguire un sogno senza imparare lungo il percorso. Il movimento è, in questo caso come non mai, equilibrio, come dico in un mio libro. Stare fermi e aspettare che avvenga il cambiamento non porterà mai a nulla.

Come le grandi storie d'amore, o come il buon vino, anche un obiettivo migliora col passare degli anni: ne vediamo nuove possibilità, nuove nature. Tutto sta nell'iniziare. Vediamo come:

1.   Identifica la tua finalità. I sogni sono vaghi mentre gli obiettivi sono specifici. Questo è l'unico modo per riconoscere gli ostacoli, per strutturare strategie funzionali e tattiche per fare la mossa giusta al momento giusto. Cerca di capire perché dovresti fare qualcosa, prima di tutto: il come verrà poi.

2.   Accetta di doverti mettere in gioco. Non pensare che qualcosa avverrà solo perché la vuoi: se non sei disposto a fare nulla per essa, dopotutto, forse non la volevi abbastanza. Le persone che si affidano al caso dimenticano un dettaglio importante: l'esperienza muta le cose come muta gli obiettivi. Senza esperienza, questo non accade.

3.   Definisci obiettivi positivi. "Non voglio essere povero" non è un obiettivo positivo: se utilizziamo delle formulazioni per negazione, finiamo per concentrarci su ciò che non vogliamo, cosa che creerà l'effetto opposto a quello voluto. Formuliamo, piuttosto,

obiettivi divertenti e stimolanti, perché così sono i sogni, e gli obiettivi non dovrebbero essere da meno.

4.   Sii specifico. I risultati desiderati devono essere definiti con un linguaggio specifico basato sui sensi: in termini cioè di cose che si possono vedere, udire e percepire. Per riuscirci, lavoriamo sui dettagli: più specifici siamo, più sarà possibile ottenere precisamente ciò che abbiamo prefissato. In presenza di un risultato più vasto, potrebbe essere necessario suddividerlo in una serie di risultati più piccoli e gestibili.

5.   Sfrutta le tue risorse. Dobbiamo identificare quali risorse interiori (conoscenze, abilità, capacità specifiche…) quali esteriori (conoscenze, denaro, strumenti…) ci occorrano davvero per raggiungere l'obiettivo. Lo scopo di questo criterio è fare in modo che tu possa valutare in modo realistico se ha già o può ottenere le risorse necessarie per realizzare il risultato.

6.   Fa' il primo passo. "Anche il più lungo dei viaggi comincia con un singolo passo", e così sarà per te. Decidere come iniziare è una parte importantissima del processo. Se si salta questa fase,

probabilmente non si procederà poi nemmeno a fare il resto. Ancora una volta, cerca di essere specifico: cosa farai precisamente? Quando lo farai?

Fare la domanda giusta è determinante soprattutto in fase di programmazione: porcene deve diventare un mantra quotidiano di fronte a ogni tipo di perplessità, problema o impedimento.

Le domande ci portano alla risposta, la risposta ci porta al pensare, e il pensare in maniera strategica ci porta a agire con decisione. Questa è la strada per il nostro obiettivo.

RIEPILOGO DEL CAPITOLO 5:

- SEGRETO n. 1: esistono storicamente molte concezioni di tempo, ma il nostro scopo dovrebbe essere trovare un tempo giusto, in cui sentirci giusti e quindi vivere interamente.

- SEGRETO n. 2: un giusto equilibri tra obblighi e bisogni è la chiave per un tempo vissuto appieno. Trova questo equilibrio organizzando i tuoi impegni e valorizzando il tuo lavoro.

- SEGRETO n. 3: ogni obiettivo è un sogno che ha trovato una struttura. Non devi fare altro che fare il primo passo verso questa direzione.

Conclusione

Odio la parola fine, perché nonostante sembri che tutto abbia un inizio e una fine, il viaggio che ci apprestiamo a intraprendere potrebbe non conoscere mai una vera conclusione.

Pensaci un attimo: quante cose sono rimaste impresse in te, indelebilmente, nei viaggi che hai effettuato? Tornando, avrai visto casa con occhi nuovi: con occhi di chi si sente cambiato dentro. Sono sicuro che visitare l'India, gli Stati Uniti o anche solo il cortile dietro casa ti abbia cambiato. Quelle terre e quelle esperienze non ti abbandoneranno mai, e così le cose che hai imparato in questo libro.

Dopo aver viaggiato assieme, conosci bene ormai l'importanza del linguaggio, e di una comunicazione efficiente; sai come mantenere un rapporto stabile basato sull'empatia, e come instaurare relazioni positive; sai come ottenere il cambiamento che cerchi, sfruttare meglio il tuo tempo e come gestire i tuoi impegni.

Hai bisogno di una struttura, e soprattutto di una voce che guidi le tue azioni giorno dopo giorno, poiché è molto facile perdersi nel movimento alienante della società. È per questo che ho deciso di costruire nel corso degli anni una serie di percorsi e videocorsi guida che possano dar forma concreta al lavoro che hai scelto di iniziare leggendo questo libro.

Nel miglioramento personale, l'unico fine è l'inizio di una nuova vita: di una vita migliore, che cecheremo in eterno di inseguire. Forse il miglioramento è come l'orizzonte, che nessuno potrà mai afferrare ma che, nel suo inseguimento, ci permette di esplorare il mondo intero, e ci insegna molte cose su noi stessi.

Quando la tua curiosità non smetterà più di smuovere energia dentro di te, allora, in quel momento, ti potrai rendere conto di quanto sono infinite le tue possibilità. È l'augurio più grande che posso fare a una persona, quello di avere sempre voglia di scoprire e conoscere, come da bambini. Perché questo è il motore di tutto.

Tocca a te, a questo. Ti ho trasmesso i segreti del mio percorso: non potrò fare però anche il primo passo per te. Agisci, mettiti alla prova, rischia e fallisci. Va' sempre oltre. Sono sicuro che, grazie a una grande volontà, raggiungerai alla fine grandi risultati. Devi solo crederci anche tu.

Ricordati che da questo momento in poi non sarai più solo se tu vorrai. Ho scelto di prendermi la responsabilità di convertire in messaggio e strumento l'esperienza che può cambiarti la vita.

Per metterti in contatto con me ti basterà contattarmi nei miei canali social, e per iniziare davvero a fare il passo da gigante, col piede giusto, avrai a disposizione i miei videocorsi per tutta la vita. Ti renderai conto di quanto sarà semplice, già arrivato qui, iniziare a cambiare concretamente. Ho costruito diversi percorsi, ricchi di esperienza ed esercizi quotidiani per seguirti al raggiungimento del tuo sogno. Adesso parti, ma ricorda: fallo sempre col piede giusto!

Ancora una cosa: sei stato con me fino a ora, mi hai conosciuto, magari ti sei trovato d'accordo con me su molte cose e su altre meno. Se dopo questa chiacchierata "face to book" hai piacere a incontrarmi e farne una face to face puoi trovarmi qui.

Facebook:

https://www.facebook.com/arturomariani.it

Instagram:

https://www.instagram.com/arturomariani/?igshid=uvtowzeqt3a5

TikTok:

vm.tiktok.com/J8579po/

LinkedIn:

www.linkedin.com/in/arturo-mariani-79200a96/

YouTube:

www.youtube.com/channel/UCXAaaXTlOygMs8A_ayNAWsg?view_as=subscriber

www.ingramcontent.com/pod-product-compliance
Lightning Source LLC
LaVergne TN
LVHW011019200726
843509LV00011B/1158